女を脱ぐ

人生に効く仏教と物語

三野恵
sanno megumi

言視舎

はしがき

日常生活にゆきづまったとき、どうかじぶんのことを救ってくれないかと思うことはだれにでもあると思います。

大事なものを失ったとき、がっかりしたとき、したくもないことをしなくてはならないとき、救われたいと思うこともあるのではないでしょうか。

救い、というのがおおげさなら、癒されたいという気持ちでもかまいません。

じぶんじしんではどうしようもないとき、なにかに祈りたくなる、そうした気持ちに気づくこともあるでしょう。

しかし、救われたいと願う気持ちのなかに、それとはまったくうらはらの感情が隠れていることもあるでしょう。

昭和初期に作家として活躍した梶井基次郎《かじいもとじろう》（一九〇一・明治三十四年～一九三二・昭和七年）に『檸檬《れもん》』という短編小説があります。「えたいの知れない不吉な塊が私の心を始終圧《おさ》えつけていた。焦燥《しょうそう》と云はうか、嫌悪と云はうか」という冒頭を持つ本作は、そんな気持ちを抱えながら、憂鬱を癒すために街をさまよい歩く主人公が登場します。かれは病身のうえ多額の借金も背負っていました。

そして手ごろな値段で「贅澤《ぜいたく》なもの。美しいもの」でありながら「無気力な私の触角に寧《むし》ろ媚びて来るもの」を探し求めていました。

そこで出会ったのが果物屋に並ぶ檸檬でした。その檸檬をたずさえて書店へ出かけ、積み重なった本の頂上に、そっと檸檬を置いて、かれはそのまま店を出てゆきます――檸檬の爆発を夢想しながら。

本作はここで終わっています。有名な作品ですからご存知の方も多いことでしょう。この主人公はテロリズムを空想することで、この苦しい日常から救われることを願っているわけですが、救われたいという思いと日常を破壊したいという思いとを、どうじに描いた小説といえます。

そこを訪れると、いつもこの小説のことを想起してしまう場所が、私にはあります。

蓮華と檸檬

冷気ただようその洞窟の中では、観音菩薩たちが思い思いの姿をとり、蓮華のつぼみに寄り添って静かに微笑んでいます。

そこは群馬県高崎市にある観音山白衣大観音へ向かう山道の途中にあります。高崎白衣大観音というと、高さは四一・八メートル。江戸川乱歩の『少年探偵団』に収められた「怪軽気球の最後」という作品の中には、気球に乗って逃げた怪人二十面相が、熊谷を抜けて、高崎までたどり着き、白衣大観音に気球がまとわりついて落下する場面があります。

一九三六（昭和十二）年に建てられたこの観音像は、当時一番高い建物を目指して建てられたといい、遠くからでも目立つため、乱歩もそうした着想に至ったのでしょう。

高崎白衣大観音像
高崎市文化財情報 HPより

その近くに洞窟観音という、こちらも観音像を祀る霊場があります。人の手によって掘り進められた洞窟の中には威徳《いとく》観音、遊戯《ゆげ》観音といった三十三観音や六観音の像が安置されています。

三十三観音というのは、観音菩薩が生きるものすべてを救うためにさまざまな姿に変わるありさまを表しています。そのほか如意輪《にょいりん》観音、十一面観音、千手観音などよく知られる六観音も鎮座しています。

年に何度かおまいりにゆくこともあるのですが、その中のある観音菩薩をはじめて見たとき、ちょうど果実の檸檬《れもん》ほどの大きさの、いまだ開ききらない蓮華が眼に留まりました。

蓮華というものは、泥の中でも美しく花ひらくため、仏教では、ひとの煩悩から生え出て、浄らかな悟りがひらかれるまでの象徴でもあります。とくに蓮華のつぼみは、これから花ひらくもの、という意味で、いまだ煩悩にとらわれているふつうの人間の喩《たと》えとして使われます。

しかし、私にはその観音像の、先の閉じられた蓮華が檸檬に見えて仕方ありませんでした。蓮華が檸檬に見えてしまう私のようなにんげんにはどんな救いがあるのかと自分でも可笑《おか》しくなってしまいますが、そう思うことでどこかしら、ふと救われた思いもするのです。

女を脱ぐ

蓮華と檸檬というまったく対極にあるものが、じつは表裏一体なのかもしれない。女として生きてきたあとにやってくる救済というものがあるとしたら、おそらくそれは程度の差はあっても、これまでのじぶんのあり方をいったんは崩したあと、つまり「女を脱いだ」あとにやってくるものなのではないでしょうか。

本書は『女を脱ぐ』と題し、副題を「人生に効く仏教と物語」としています。女性たちが仏教とふかくかかわりを持つようになった人生の転機や、仏教を生きる糧《かて》としていた女性たちの姿に焦点をあてているためです。女性として、さまざまな体験を通過したあと、どのように自分の人生と向き合ってゆけばよいのか。女性として生きることだけを考えるのではなく、いったんリセットして、これまでとは少しべつの仕方で生きていきたい。

本書で扱っているのは、そのような思いを抱えながら仏道に生きた女性たちの姿です。古くは平安時代から現代までさまざまな女性を取り上げていますが、女性が女性として生きることのくるしみ、そしてそこから逃れたいと願う思いはいつの世も変わらないということがおわかりいただけることと思います。

古典を道しるべに

『荘厳菩提心経《しょうごんぼだいしんきょう》』という経典《きょうてん》に、次のようなくだりがあります。

仏の道を求める菩提心《ぼだいしん》というものは、あるものではなく、造るのでもなく、文字を離れるものです。つまり心それじたいのことです。心とは衆生《しゅじょう》、つまり仏によって救われるはずの、すべての生き物のうちにあるものなのです——。

経典の原文は次のとおりです。

菩提心者。非有非造離於文字。菩提即是心。心即是衆生。

（菩提心は有に非ず造に非ず文字を離る。菩提は即ちこれ心なり、心は即ちこれ衆生なり）

この身を離れたところに菩提心はない。もしそうならば、煩悩の世界に生まれながら蓮華を生じさせていった女たちの心のありようとは、いったいどのようなものだったのでしょうか。

仏典だけではなく、物語や詩歌などの美しい言葉によってこころ打たれ、救われた思いをすることがあります。それらの美しい言葉をのこしたひとびとの生きざまに触れることも同じように感動を呼び起こします。

仏がこの世に生きるひとびとを救おうとする、そのこころざしを仏教では大乗《だいじょう》といい、そうした教えが書かれたお経を大乗仏典《だいじょうぶってん》といいます。

仏典にもさまざまな種類があります。とりわけ大乗仏典にはそうしたさまざまな救済のための教えが記されていますが、むかしから仏典に書かれた教えは、物語のかたちでもわかりやすく説かれるものでした。

日本でも古くは平安時代に『日本霊異記《にほんりょういき》』や『今昔物語集《こんじゃくものがたりしゅう》』などがあり、また仏の道に身を捧げたひとびとの一生を描いた往生伝と呼ばれる書物はたくさん編まれ、そうしたひとびとの生きざまそのものが救済のための手がかりを示してくれます。

江戸後期の遊行僧《ゆぎょうそう》であった木喰五行明満《もくじきごぎょうみょうまん》には、こんな和歌があります。

かたみともおもふ心のふでのあと　のちの世までのしるしなりけり

亡き人が遺した言葉や筆跡は、心が形見になって残ったもの。それはのちの世を生きる者にとっての道しるべとなる、との意です。

今にのこる書物から女人の言葉を尋ね、その足跡をともしびとして、こんにちの私たちが生きる標《しるべ》を探してみたいと思います。

本書の構成

本書では女性の仏教者をとりあげていますが、とくに女性の読者だけを対象にしたものではありません。女性の生きざまや心のありようについてふかく理解したいという男性にも、本書は開かれています。

こんにち、女性の生き方に関する本はおもにフェミニズムの観点から書かれたものが主流ですが、本書では仏教に生きた過去の女性たちの姿から、現代を生きる指針をさぐってゆきます。

本書は、【人物伝】・【物語】・【コラム】で構成されています。

【人物伝】では実在した尼僧の人生や物語の登場人物などから、彼女たちの人生の転機と仏教とのかかわりを紹介します。【物語】では、日本の古典文学作品に語られる尼たちの物語を、現代の人にもわかりやすくリライトしました。そのほか仏教とのさまざまな向き合い方にかんするコラムをさしはさんでいます。どこから読み始めても構わないように構成しました。

なお本書では原文からの引用に際して、読みづらい漢字にはルビを付し、通行の字体に改めました。また人物の生没年、出版年などにはおもに西暦を用い、適宜和暦を併記しています。
※文中の明満の和歌の引用は『柳宗悦全集著作篇』第七巻（筑摩書房、一九八一）に拠ります。

女を脱ぐ――人生に効く仏教と物語　目次

第一章

高岡智照《たかおかちしょう》――夢中になれる男はいなかった

一九二八（昭和三）年、三十三歳の高岡たつ子は、とある男から逃れて奈良の土蔵で息をひそめていた。年下のその男は、毎日、たつ子を出せと、しつこく母屋の伯母一家に脅しにきていた。男と鉢合わせないよう、昼間は土蔵で息をひそめている。こっそり抜け出しては、母屋で酒をもらい、日夜問わず酒を飲んで不安を紛らわせていた。

たつ子を追ってきた男はどうやらピストルを懐中しているようだった。そのピストルは、たつ子が前夫と西欧へ行った際、たわむれに買い求め、コルセットに忍ばせて持ち帰ってきたものだった。

たつ子はやがて出家した。法名は亮弘坊智照《りょうこうぼうちしょう》。俳人でもあった。筆名を高岡智照。一八九六（明治二十九）年、大阪生まれ。

もとは名の知れた芸妓であった。

高岡智照（右）、丹沢豊子（左）
『大法輪』（一九三七年四月号）より

あるもの、美貌　ないもの、それ以外

宝恵駕《ほえかご》に乗つてうれしき日もありし

宝恵駕とは、花街の芸妓衆が寺社参りにゆくために乗る駕籠《かご》のことだ。とくに大阪今宮戎《いまみやえびす》神社では、人気のある芸妓が乗り、ミナミの街を練り歩く風物詩のひとつになっている。たつ子はそれに乗り、微笑するだけで往来のひとを沸かせたこともあったのだろう。

たつ子は生まれたときから母親を知らなかった。父親は女の出入りが激しく、あちこちに子どもを作るひとだったという。

幼いたつ子は、父の姉にあたる伯母のもとで、茶店や弁当を運ぶ手伝いをしながら「お店の子」として祖父母や伯母の娘たちとともに暮らしていた。

田楽《でんがく》を焼く伯母にして育て親
田楽のほか生立《おいた》ちの覚えなし

なかでも、彼女をいちばんかわいがっていたのは祖父だった。

そのうち、私が十《とう》になった時、誰よりも一番私を可愛がってくれていた祖父《おじ》やんが雪の降る朝炬燵《こたつ》の中で、誰も知らぬ間に死んで仕舞《しも》うた。私は生まれて初めて悲しいという目に遭い、冷たくなった祖父やんの体にすがりついておじやん〳〵と声をあげて泣き叫んだ。

（『つゆ草日記』永田書房、一九九二）

たつ子はこの祖父から文字を教わった。そのため学校へは行ったり行かなかったりしていたが、文字の読み書きができるようになったという。

後年、芸妓になったたつ子は、じつは芸事の何よりも学問のできる芸妓になりたいと思ったものだった。

本を読んだり、習字をしたり、いろいろな事を覚えたい。芸妓は無学やと、人にいわれるのが口惜しい。いくら踊りや長唄を勉強してみても、上には、上がある。芸があっても、学問のある芸妓は少ない。皆が競争する事よりも、誰も競争者のないことを勉強した方がましや。これから、毎日本を読んで、一日に二字でも、三字でも、字を覚えて行ったら、一月《ひとつき》に二、三十字覚えられる。

（『花喰鳥《はなくいどり》』上、かまくら春秋社、一九八四）

その、はじめの一歩ともいうべき手習いを教えたのがこの祖父だった。祖父が死んだのち、たつ子は、とある人物と出会う——といっても、その男は前から顔見知りだった。ときおり伯母の店にやってきては、金を無心する容姿端麗な男。はじめはしきりに伯母になじられながら、そしてやっといくばくかのお金を渡されていく……その男をたつ子は、なにとはなく可哀そうに見ていた。

結局、それが自分の父親だった。それを知ったのは祖父の死がきっかけだった。

十二歳のころ、たつ子は父親によって言葉巧みに舞妓の世界に誘われ、足を踏み入れることになる。

花を喰う鳥

智照尼には『花喰鳥』（前掲）と題された自伝がある。花喰鳥というのは極楽にいるという、花を食して生きる鳥のことだ。

この表題について「智照尼は花ではなく、男を食べて生きてきたのに、と皆さんおっしゃるかもしれませんね」、と智照尼じしん言って笑ったという（伊藤玄二郎編『遠花火』かまくら春秋社、一九九五）。

とはいえ、そんな芸妓生活をはじめる気になったのは、生活力のない父のもとで暮らす腹違いの弟のためだった。家族の愛に乏しかったたつ子は、この弟がかわいくて、かわいくて仕方なかった。

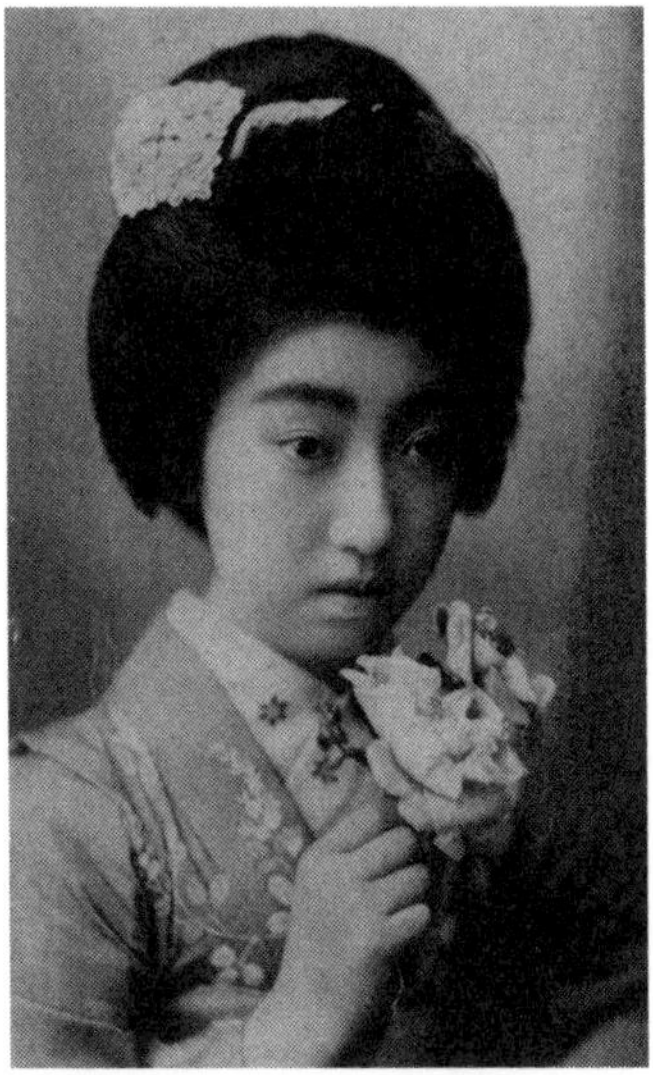

照葉十六歳（のちの高岡智照）
『花喰鳥』(かまくら春秋社、一九八四)より

舞妓の世界では、千代葉《ちよは》と名乗る。たつ子は生まれ持っての美貌のため、すぐに人気を集めた。が、舞妓の世界の流儀には、どうにもなじめずにいた。

泣きながら白粉《おしろい》たたく火桶《ひおけ》かな

それでも十五歳のとき、財産もあって男ぶりのよい鼈甲《べっこう》問屋の若旦那に惚れ込まれ、落籍の話にまで及んだ。しかしふとしたことから、鏡袋にひそめていた歌舞伎役者の写真を男に見られてしまい、一方的に腹を立てた男から破局を告げられてしまう。

行き場のない思いに駆られたたつ子は、いぜん芝居で観た、一途なこころを明かす方法として女が剃刀で小指を切り落とす場面を思い出し、いきおい自分の小指を切り落とす。

そして玉突きに興じていた男のまえに、血塗られた指を放り投げたのだった。

カネとオトコと学問と

小指の事件が話題となって大阪にいられなくなったたつ子は、東京へ転籍させられ、名前も照《てる》葉《は》と変えた。明治四十四年、七月のことだった。

このときの照葉は「三千円」もの負債を負わされていた。当時、一カラットのダイヤモンドが四五〇〇円ほどで買えた時代だった（『値段の明治・大正・昭和風俗史』下、朝日出版社、一九八七）。これについて智照尼は次のように語っている。

それにしても、三千円という金の高。橋本常次郎（大阪時代からの世話人・引用者注）の養女。五年間の年期と、それぞれ三つの事柄が、誰の意志に基づいて、そういう風に定められたものやら、何時の間にそうした事件が運ばれていたのか当の本人たる私は、公証役場へつれて行かれて、初めて何もかも知ったのでした。

私は今でもその当時の不満が解け兼ねています。いくら子供で、ものを理解する能力がないとはいいながら、無断で大人達が、籍を転々とさせたり、内容も知らさずただ単に、呉服屋の借金とのみの名目で三千円の身の代金を負担させたり、かりにも五年間の年期奉公をさせる場合に本人の意志を質さず、私にとっては重大な身の上にかかわる問題を、いわばみんな他人同士が寄ってたかって人の身体を自由気ままに勝手に取り計らったその行為に対しては、いかに世間を知らぬ私でも平気な心持ちで眺めている事はできませんでした。

私の性格は、ガラリと変りました。

「強くなろう。なんでも強い人間になろう。大人の自由にされてはたまらない。親であろうが、強く出てくりゃ、こっちも強く出てやる」

こんな風に、片意地な反抗心の強い女になりました。

（『花喰鳥』上）

大口の客がつけば、かなりの稼ぎになる。が、芸妓当人の懐にそのままその金が入るわけではない。巨額の借金を抱えさせられたたつ子は、稼ぎのほぼすべてが返済のために消えてしまう境遇にあった。

初夢《はつゆめ》や亡者《もうじゃ》に銭《ぜに》をせびらるる

異性に多く尽くされてきた智照尼であるが、いっぽうで稼ぎ手として大いに期待されることも多かっただろう。それにくわえて借金もある。

この句は出家したあとの習作であるが、初夢にまで、むかしのそんな風景が登場したのかもしれない。

もう誰のことも信じまい、そう実感したたつ子は、絵葉書のモデルとしても活躍し、文字通りの売れっ子となった。今日でも名の知られている財界人や政治家、華族などの贔屓《ひいき》も受けた。それでもやはり、花柳界になじむ気持ちは最後まで持てずにいた。学問のできる芸妓になりたいと思っていたのもこのころだった。

自立なんて、夢のまた夢

また異性に貢がれたり、貢ぐよりも、じしんが自立した生業《なりわい》を持ちたいと望む芸妓だった。

男の成功の陰に、たとえ色街の女の努力があったとしても、私にはその努力がなんだかいじましいものに思える。

こんな話（男に貢ぐ先輩芸妓の話・引用者注）を聞くと私は明日から、振袖の着物を脱いで十円の資本でもいいから小さな屋台車でも引っぱって町から町へ歩こうと思う。みつまめでも、おでんでも売り歩いて百円のお金をもうければ、それはそれで立派な成功美談として、人にも世にも誇ることができる。

私が千万長者に身請けされても、どんな栄耀栄華な豪奢な暮しができても、それは決して成功美談として人に誇ることはできない。むしろ恥として肩身を狭く世を渡らなければならない。


（『花喰鳥』上）


異性に尽くされることに、じぶんは何の価値も見出していないのだ。そう思っていたにもかかわらず――ある時、うとうとして目覚めてみると、たつ子が誇っていた烏の濡れ羽色の長い黒髪が、身を動かすたびに、肩口からはらはらと落ちてゆく。

驚愕しているたつ子をよそに、温泉宿で遊興をともにしていた男の声が響く。芸妓をやめてくれないか……髪を切ってしまえば他の座敷にゆけないだろう、と。男の手に握られた鋏が黒く光っている。

この老年の男には一両年、熱心に金を積まれていた。このさき、この関係をどうしたらいいか……。そうした葛藤の最中の出来事だった。

こうしてたつ子の心中空しく、身請けされてゆく。

一九一三（大正二）年、十八歳。たつ子は妓籍を離れた。

悪魔の血

たつ子はその男の妾となるが、「青春を握りつぶされた」（『花喰鳥』下）思いで、やがてその男から離れ、ふたたび大阪に戻ってくる。

大正八年、大阪で相場師であった男と結婚。

ところがその夫から求められたものといえば、容姿の美しさ、話題の芸妓であったことなど。要《よう》は社交の場でのアクセサリーとしての妻だった。

たつ子のほうも、夫の仕事にともなわれてゆく外国暮らしや、そこでの学校生活に憧れて、割り切って夫婦になってみたものの、とうぜん嫌気がさしてきた。

そのうえ身持ちの悪い夫に、たつ子が何か意見を述べると、彼女の過去を蔑む罵詈雑言が返ってくる。

しかし追いつめられれば追いつめられるほど、かえってつよくあろうとするたつ子のこころ。これを、たつ子は「悪魔性」と呼んだ。

そして日に日に酒の量も増えていった。

私が、酒の酔ひを求める時は、きつと、運命に破綻の兆《きざし》が動きはじめたことを暗示する徴候なのだ。
——さうして、狂暴な酔ひに駆られてくると、不思議に、心にもない異性を惑はしてみたくなつたり、恋の真似を見せかけて、相手を翻弄することをたのしむ、といつたやうな悪魔性が、酔狂の中から必ず頭をもたげてくる…しかし、それは、私自身の意識に触れない、私の何処かに巣食つてゐる魔性であつて、私自身でどうすることもできないものだ。——

　しかし——私は、さうした悪魔性をもつてゐる自分といふものを、決して自分のせゐだとは、思つてゐない、従つて、自分を責めようなどゝも思はない、天性《うまれつき》の血だ！　私の罪ではない——と、私は、冷やかに考へてゐる。私は寧《むし》ろ、かうした悪魔性が、時々現はれてくれゝばこそ、私といふ孤立の人間がけふまで、精神的にも生活的にも幾度危機から救はれてきたかもしれなかつた、と、信じてゐる。恋に破れて、死神につかれようとした時も、生涯妾生活から浮《うか》び上れないやうな執拗な運命に縛りつけられてゐた時も、私を救つてくれたのは、誰だつた？——みんなこの血から湧いてくる悪魔性の力が救つてくれたのではないか——死神を追ひ払ふてくれたのも酒、妾生活を打壊してくれたのも酒、私を強く生かすために、私の悪魔性が、酒の暴力を呼んでくれるのだ。——だから、私は、酒を呑む——さうして、強く〱生きて行くのだ。と、呪いの杯を手に、私は自分への示威を、かう語りつゞけた。

（『黒髪懺悔』中央公論社、一九三四）

そうした性分は、しかし、よけいに夫の過干渉や折檻《せっかん》を招き、ついに二度ほど自殺未遂を重ねる事態に至る。

この頃、夫が監視役としてつけた青年によって何度か窮地を救われ、さいごはその青年とともに夫のもとを逃れた。

夫からともに逃げた青年はたつ子より年下だった。一九二六（大正十五）年、たつ子は映画女優としても活動しはじめるが、やがて金策のため、大阪でバーのマダムになる。

しかしこんどは商売が軌道に乗るにつれ、男は露骨に嫉妬をあらわした。しまいには店で暴れ出して客に怖がられるようになり、またしても、たつ子は命からがら逃げ出すこととなった。

しかし、どこに逃げればよいのか——父親はとうに死に、小学校を出たら手元に呼び寄せてや

高岡智照『照葉始末書』
（萬里閣書房、一九二九）

高岡智照『黒髪懺悔』
（中央公論社、一九三四）

ろうと考えていた幼い弟も、不慮の火事によって命を落としていた。

行き着いたのは、むかし世話になった奈良の伯母の家族のもとだった。たつ子は温かく迎えられ、通りからは見えない蔵の中で、息をひそめて暮らすようになる（冒頭のエピソードはこの頃のこと）。

何気ない読経《どきょう》が出家のきっかけに

男が諦めて引き上げた頃、たつ子は、とある老夫婦の家の二階に居を移し、雑誌『ホトトギス』にたびたび投句する生活を送っていた。それが高浜虚子《たかはまきょし》（一八七四～一九五九）の眼にとまり、しだいに俳人としても活躍してゆくようになる。

そこで原稿書きや句作、日記などをつけながら、ごくしぜんに朝夕、観音経を読経するようになった。

あるとき、老夫婦がたつ子の読経について、尼にでもなるのか、と問うた。そこでたつ子は、はたと気づいたのだった。ああ、そんな道もあるのか――。

親もない、兄弟もない、夫もない。だからといって、もう異性に翻弄されることにも訣別したい。やがて、その読経は仏門へのあこがれに変わっていった。

昭和九年、たつ子は真言宗である奈良県久米寺の密門快範のもとで出家を果たした。三十九歳だった。

煩悩から仏心へ

智照尼の昭和二十七年四月十三日の日記につぎのような一節がある（『祇王寺日記』講談社、一九七三）。

今年は、私も死ぬことを止めた。花の散る頃、誰も人の寄りつかない静かな水辺、そして星の美しい夜、風がなくて、花びらがひらひらと舞い落ちる水の上に、さっと身をひるがえして……。

そんな場所を、何処に探し求めようか、と、考えているうちに、花が過ぎてしまった。

智照尼にとって春とは、そんな思いわずらいをする季節なのだろう。他方でこんな句作もある。

幻《まぼろし》や春愁多情即仏心《しゅんしゅうたじょうそくぶっしん》

春の愁《うれ》いも、恋愛の軌跡もすべて幻であり、それらはまた仏心に変じうるものであると詠じられている。

仏心は仏性《ぶっしょう》ともいい、生あるもののなかにある仏となれる可能性のことをいう。

しかし「多情」という一般的にはひとの欲望や煩悩にあたるようなものがすなわち仏心・仏性であるというのはどういうことだろうか。

じつはこうした考え方は仏教ではなじみ深いものでもある。『維摩経《ゆいまぎょう》』仏道品《ぶつどうぼん》には「譬《たと》えば、高原の陸地《ろくち》は蓮華を生ぜず、卑湿《ひしつ》の淤泥《おでい》は乃《すなわ》ち此の華《はな》を生ずるが如《ごと》し」という有名な一節がある。蓮の花は清らかな高原や陸地から生えるのではなく、ドロドロとした汚泥の中から生えてくる。それと同じように、欲にまみれた煩悩の中から仏心・仏性が芽生えることがある。こうした考え方は「煩悩即菩提《ぼんのうそくぼだい》」ともいわれ、智照尼のいう「多情即仏心」もこれを踏まえたものだろう。

中国唐代の真言宗の僧である一行《いちぎょう》禅師は「煩悩即菩提」について、次のように記している。

> 塵労《じんろう》の中より真実の菩提心を発《おこ》し、煩悩の性《しょう》の空《むな》しき事を達するを云《い》ふなり。煩悩を除かずして、強《し》ひて道理を説きて、「飲酒《おんじゅ》・食肉《じきにく》は菩提を障《さ》へず、行盗《ぎょうとう》・行淫《ぎょういん》は般若《はんにゃ》を妨《さまた》ぐる事無し」と説くは、大きに邪見《じゃけん》なりと云へり。
>
> （無住《むじゅう》『沙石集《しゃせきしゅう》』）

「煩悩即菩提」とは、煩悩の中から仏に帰依するこころ（菩提心）を発し、煩悩の無意味さに思い至ることをいう。「酒を飲み、肉を食らっても仏教の真理にいたることの妨げることにはならない。盗みや淫らな行いをしても悟りの智恵を得る妨げにはならない」というのは大きな誤りだ、と。

智照尼の句にもとづいていえば煩悩は多情、菩提は仏心にあたるだろう。

ところで智照尼は、剃髪したときの心境について、当時、こう語っていた。

髪の毛と云《い》ふものは、人を迷はせるとか迷はせぬとか云ふよりも、自分自身の黒髪に自分が迷はされてゐるのです。
（「高岡智照尼心境絵巻」『大法輪』所収、一九三七年四月号）

智照尼は自分の黒髪を、まるで煩悩の象徴のようにとらえていた。黒髪という煩悩を手放し、そのことによって智照尼は仏心を得たのであろう。

祇王寺《ぎおうじ》の庵主として

仏教では貪《むさぼ》り・怒り・愚かしさを三毒《さんどく》といい、戒めるべきものとするが、美貌であったがゆえに、智照尼は世のひとびとの三毒のありさまを多く目の当たりにしてきた。そうした彼女も遁世《とんせい》してからは穏やかな仏縁にめぐまれた。

祇王寺や何処《どこ》を踏んでも苔清水《こけしみず》
戯れに叩き給ふな花の門

智照尼は、一九三六（昭和十一）年に京都嵯峨にある祇王寺に入庵したおり、伯母の家族のもとに出入りしていた高島（のちに鹿《ろく》〔「麓」とも表記〕庵《あん》と呼ばれる）という又従姉弟《またいとこ》を寺男としてともなっていた。

このことについて「庵主の色男」と揶揄されることもあったようだが、彼は剃髪しても、美を損なわなかった智照尼の「番犬」（『祇王寺日記』）として、彼女の身の周りの世話や、茶杓《ちゃしゃく》を作って商うなどして祇王寺のために尽くした。

日頃、冗談のように智照尼は鹿庵に、自分が死んだら剃髪のおりに切り落とした黒髪と一緒に葬ってほしい、と言い置いていたが、じっさいは鹿庵のほうが先に逝くことになった。

麓庵高島清一の遺骨埋葬

骨つぼを抱いて彼岸の雨にぬれ

彼は死の間際まで智照尼のことを心配していた。

どうせ死ぬなら祇王寺の一番賑やかな時に死んでやる、鹿庵は死の床でそう語ったという。

智照尼はこれについて、鹿庵は湿っぽい思いを残したまま死ぬのが嫌だったのであろうと述懐しているが（『花喰鳥』下）、湿っぽいことが嫌いという点では、智照尼の生活もそうであった。

出家後も朝寝と煙草の癖は抜けなかったという智照尼は、祇王寺の山吹が散る頃の香りを、ラ・コロナなどの高級葉巻の香りにたとえている（『祇王寺日記』）。

伊藤玄二郎（智照尼遺稿集『遠花火』編者）によれば、智照尼が客人と話すおり、差し入れられたと思しき葉巻をくゆらせていたことがあり、また黒衣からはシャネルの香水の香りが漂ってきたこともあったという。

秋鏡《あきかがみ》尼には尼の身だしなみ

智照尼じしん、のちにつまらない執着だったと語っているが、四、五十代の頃は、四季に合わせて持つ数珠も変え、足袋《たび》にも凝っていた。

こうしたことを連ねると、さぞかし智照尼は派手好きだったのかと思いたくなるが、じっさいの寺の暮らしは智照尼がお茶の行商や俳句を書きつけた短冊を売り歩いたり、鹿庵の作る茶杓などで、ほそぼそとまかなっていた。

奔放に生きし過去はも遠花火《とおはなび》

仏心をそなえたあとの智照尼は、それまでのありかたから離れ、俗世を摺りガラス越しに眺めるような境地だったのかもしれない。

残ったものは句作と仏道

紆余曲折を経た智照尼にとって手許《てもと》に残ったゆいいつのものは、句作であった。

仏様に嘘を吐《つ》いても、俳句に対して嘘を吐いた覚えはない。

私に取って〝俳句〟の存在は、身を守る守護神であり、いつ如何《いか》なる場合でも〝俳句〟を離れての生活はなかった。

（『つゆ草日記』）

智照尼九十五歳の吐露である。仏様に嘘をついても、というのはたわむれで言っている部分もあるだろうが、彼女の生き甲斐と仏道が分かちがたく結びついていたことがよくわかる。

生もよし死もよし若葉更《さら》によし

十年ほど前のこと、庭に向かって透き徹るような楓の薄みどりの若葉の美しさに心惹かれて、うっとり見惚れているうちに、生死の観念を超脱して、生よりも死よりも、こんな美しいものが世にあるものかと、詠嘆これを久しくした。その時、口をついて、思わず、生もよし死もよし　若葉更によし、と実感がその儘十七文字になった訳であった。（『つゆ草日記』）

八十四歳の頃に書かれたものであるが、吸う息吐く息を継ぐあいまにも、智照尼のこころは句作に向かっていた。あまたある智照尼の句作のなかでも、彼女の人生観がスラリと詠みこまれた秀句といえよう。

辞世

露の身とすずしき言葉身にはしむ　（『遠花火』）

一九九四（平成六）年十月二十二日、智照尼は九十九歳で入寂した。ともに暮らしていた橋本智秀尼、橋本智妙尼に、この辞世の句を託した翌日のことだった。

仏に帰依するこころを発《おこ》すことを発心《ほっしん》というが、智照尼は、その発心の機縁となった黒髪とともに祇王寺に葬られている。

※文中の俳句の引用は特記のないかぎり、『竹　祇王寺句集』（白川書院、一九七八）、『露草　高岡智照尼句集』（永田書房、一九九〇）に拠った。

第二章

慈門尼《じもんに》の物語――風の海

少女の発心《ほっしん》

母が死んだ。これから先、自分はだれと楽しみや寂しさを分かち合ったらよいのだろうか……幼い女の子は考えた。

ぽつぽつと連なる葬列に行き遅れた女の子は、空を見上げた。空に飛ぶ鳥は、途方もなく高い空を滑ってゆく。こころにぽっかりと、埋められない穴がひらいているのを感じていた。

幼い女の子は、近江《おうみ》の国（滋賀県）彦根に生まれた。彦根藩の家臣であった武居正景《たけいまさかげ》の娘で、母は八木浜《やぎはま》の里の出身であったという。

やがて女の子の父親は新しい妻を迎え、女の子には継母ができた。そこに赤ん坊もできた。少女にとってはいく人かの兄弟ができた。

家族のことは決して嫌いではなかった。けれど家族が増えるという実感もないまま、年月だけが過ぎていった。

それは十二、三歳の少女の頃になっても変わらなかった。少女は物語を読んで、主人公の母親が登場するくだりになると、はらはらと涙を流した。その様子を見て、父親はこころを痛めていた。

「書物を読むことで、世を厭《いと》うこころを発《おこ》す人は世の中に多い。よからぬことだよ」

少女は、ふだん慕っていた父親の言葉ではあるけれど、このときばかりは、こころの穴に風が吹き抜けていくように思いながら聞いていた。

ところが、その父も少女が十五歳の頃、東《あずま》に赴いたまま亡くなってしまった。愛別離苦《あいべつりく》……愛する者と別れる悲しみ。仏の教えでは、こうした言葉で呼んでいた。少女の気持ちは、はやく仏の教えのなかにあらわれていた。

少女のこころの穴は閉じることがなかった。

「風が吹いてる」

寂しさは冷たい風となって少女の胸をさいなんだ。

愛別離苦の風、彼女はこころの中でそう呼んでいた。肉親がいなくなった今、女人《にょにん》として、子をなし母となる生き方を好まなかった。こころの風にしたがって、仏道に入るこころを発《おこ》した。仏の教えだけが、死人《しびと》との繋がりのように感じられていた。いや、仏の教えには、もはや生死《しょうじ》などかかわりがない。

それからは母方の祖母をたよって八木浜《やぎはま》へ行き、そこに移り住んだ。はやくから三代和歌集などを読み込み、じしんも歌を詠むことが好きだった少女は、はじめ浜辺の暮らしを興趣深く感じて楽しんでいた。けれども、どうもひとびとが網引きするさまをみると厭世観がつのっていった。まわりに出家のこころざしをほのめかしてみると、かえって嫁ぎ先を探しているかのように受け止められ、じっさい世話をしてくれようとする人まであらわれた。少女はふたたび彦根にもどった。ほうぼうの寺で出家できないか探して歩いた。

そのなかで黄檗《おうばく》の流れを汲む広慈院《こうじいん》の一枝禅師は、少女のこころざしのつよさにこころ打たれ、すぐに剃髪を許した。

十八歳、尼はついに仏門に入った。

歌と精進の道

出家してからというもの、尼はみずから歌を詠むことを戒めていた。やっと出家をかなえてくれた、師僧の教えの邪魔になってはいけないと思っていたからだった。

それを知ったある人が、尼に言った。

「出家して歌を詠んでいる人は、世の中にたくさんおりますよ。そんなに悪いことでもありますまい」

そういわれると、そんな気もした。もとより好きな道だった。紅葉の赤、緑葉にやどる露、ふたたび景色は色づきはじめた。水汲み、菜摘《なつみ》、花を手折《たお》る、すべてが歌の材となった。

とはいえ、誰かについて和歌を習ったことはない。それでも尼の詠んだ歌はひとびとの口伝《くちづ》てでしだいに評判となっていった。

そうこうしているうちに、一枝禅師が病の床に伏した。尼にとっては、仏縁を結ばせてくれた恩もあり、家族のような親しみもあったため、一心に介抱して一枝禅師の傍から離れようとしなかった。尼の献身には、仏弟子として師僧に仕えているような難しさもなかった。まるで聡《さと》い幼子《おさなご》が、だれかれとなく献身しているようなほがらかさがあった。

禅師の枕辺《まくらべ》にも、季節の花を飾った。山川の季節の移ろいが、横たわる禅師の眼の前にある。そうした尼のこころばえを禅師も喜んだ。尼の手折った花を見ているうち、知らず知らず経文が禅師の口をついて出ていた。

尼の顔が、とおくちかく、ちらちらとしている。

「禅師さま、寝てらっしゃるのに、ずっと読経なさっておられた。お休みになれましたか?」

軽やかな声がした。禅師は歩きなれた谷道を、読経しながら通る夢を見ていたことに、やっと気がついた。

禅師の世話をすること四年、禅師が示寂してからは、その恩に報わんとして、尼は西国《さいごく》三十三か所の巡礼の旅に出た。

そののち里根の里に来て、わずかな土地を買い求めた。尼はやっと自分の庵を結んだのだった。このとき宝暦五年。

ある冬の暮れのことだった。血を分け合った兄弟の者が貧しくなり、尼を頼ったことがあった。その時に詠んだ歌。

はらからのわび人に古き衣《ころも》をあたふ
わび人のあはれをよそにすごさねどおほふにせまき袖のうらめし
あなたの貧しさと苦しみを　わがことのように思っています　けれど家のなかをさがし回っても　こんな小さな衣しかないの

人に物をめぐむとき、尼は万事このような気遣いを示した。庵には尼を慕ってくる者があり、尼の歌を恋《こ》うてくる者もいた。四方には尼好みの草木が植えられ、季節に応じて、あるいは山道に珍しい花を見つけては植え替えて喜んだ。善き人の話を聞いて尼の気持ちがほころび、憎むべき人の話を聞けば、ともに腹を立てる。そんなふうだから人は入れ代わり立ち代わりあらわれた。富める者が尋ねてくれば、貧しい者もやってくる。

「仏縁の、なんとありがたいことよ」

尼は人の巡り合わせの幸薄かった頃を思い、こころで手を合わせるのであった。

海量法師《かいりょうほうし》と慈門尼

明和二年、秋。風変りな僧が里にやってきた。まだ若いようであるのに、まるで老年のようなそぶりを見せる。それにしても薄汚い衣をまとっているものだと、里の者がよくよく眺めてみると、もとは上質な衣であったりするから面白い。食べる物がなければ何日でも食べない、路銀なんて持たない。行く先々で少しばかりの学問を教えて少しばかりの足しとする。ずいぶん年嵩《としかさ》かと思うと、やはり三十を過ぎたばかり。里の者はしだいになじんでいった。聞けば、近江の国の産であるという。

僧は、山籠《やまご》もりでもするのかと思うほど、大きな荷物を背負っていた。すべて書物であった。人なつっこい尼は、さっそく僧の持っている書物に興味をあらわした。僧のほうも、どこからか尼の噂を聞いたのか、好ましそうに応じる。

僧は里根に庵を結んだ。尼は僧の持ち運んでいる書物の多さを見て驚いた。難しい学問のものから、子どもと一緒に読んで遊べる本、中国から船で運ばれた本まであった（世の中には、まだまだこんなに本がある……）、写本から版木で摺られた本まで、じつに多様だった。

尼も無邪気に、自分が持っている本を僧に見せたがった。それを見て僧もまた、自分の持っている本の中から、これはどうか、あれはどうかと差し出してくる。

そのかたわらから書物に興味を持った者は、尼の本、僧の本と問わず借りていっては、おのおの読んでゆく。尼も僧も、こころよくそれを許した。

尼は僧に、かぎりない慕わしさを感じた。

けれど、この慕わしさのなかみはなんだろう――このとき尼は六十六歳だった。

海量の持っていた、女人のための教訓書である『女論語《おんなろんご》』、『女孝経《おんなこうきょう》』などの書物を読んでいたときだった。忍耐ある女人が登場したり、逆に悪と呼ばれる女人が出てきたり――尼はそこに書

かれたよいことにも悪いことにも涙を流し、

「わたしは、ここまで我慢できない……」

とむせびながら独《ひと》り言《ご》ちた。海量は、そんな尼の様子をじっと見ていた。尼は不思議に思って海量を見つめ返した。

海量は頬まで生える無精髭に埋もれるような顔でつぶやいた。

「わたしは幼い頃、母と別れまして……」

（ああ）、慕わしさの因縁《いんねん》を尼は合点した。たしかこの気色《けしき》、愛別離苦を知った風貌といえばいいだろうか。

どの家にも死人《しびと》を出さない家はない。仏の教えはそう説いている。けれど、そこからもとの暮らしに戻れない者もある。そういう者にこそ、仏門はひらかれているのではないだろうか……尼は実感した。

海量はたびたび本を背負い、諸国行脚に出かけていった。

海量法師の旅に行くをおくりて
老《おい》の身の又あふことを契《ちぎ》るかないつも待ちえし心ならひに

もう老い先みじかい年寄りなのに　また再会の約束をしてしまいますね　ふたたびあなたに会える日を待っている　そんな思いで過ごすのが癖になっているものですから

尼はそのたび、こころの穴に風が吹き抜けていくのを感じた。けれども、こんどの風はほがらかで、すがすがしいものがあった。

愛別離苦というものは一方で、すこやかな無常の風であった。無常の風——失い、消し去り、そして、ふたたび花を咲かせる。

無

雪霜《ゆきしも》にかれし野山《のやま》も春くれば花の咲かざる草木《くさき》やはある

野山は雪や霜で枯れ果てている　けれどこんな生きた心地のしない風景も　春には一面花に包まれる　花をつけない草木などありましょうか

尼となり法衣をまとい、よそながら俗世とかかわって、楽しいことはたくさんあった。悲しみにひたることもたくさんあった。仏の教えと人のこころと、その行き来は尼にとってはひとつ残らず善知識《ぜんちしき》〈仏の教えに導いてくれる存在〉といえた。

善知識

日は入《い》りて月は出《い》で来《き》ぬ夕やみをみち引く人にあふぞ嬉しき

日が沈むと月がのぼる　禍福《かふく》もまた入れ替わる　そのあわいにあるとき　手をひいて導いてくれる人のありがたさ

安永四年、ついに尼は七十六歳で示寂した。

海量は、せめて尼の歌集を出版してやりたかった。里の者とともに尼の庵を探したけれど、あれほど尼が詠んでいた歌が、ごっそりとなくなっていた。聞けば同国の学者と名乗る男が尼の歌稿《かこう》を持っているという。

海量は尼の親族に、歌はその後どうなったのか聞いてみた。親族は首をかしげて、

「それはどこにあるのだろう。あるのか、ないのかもわからない」

と言った。（こんなことがあっていいのだろうか……）、海量のこころは悲憤にも似た悲しみでいっぱいになった。

しかしよくよく考えてみれば、（まだ、我が手元に残っているじゃないか）。尼が海量に宛てた歌があった。

海量は粛々と歌集を作った。題は『松風集』とした。題の名は尼の庵の名からとった。

のちになって、海量はひとり尼が住んでいた庵を尋ねていった。通い慣れた里の景色を離れてゆくと、あの庵は、まだあった。

草は腰ほどに伸び、懐かしく見渡す佇《たたず》まいは風雨に荒れていた。その住処《すみか》は、じょじょに土山に帰ろうとしている。

なのに、どこからか尼が慕わしそうに声をかけてきそうな気配だけが漂っていた。

（『松風集』は残る。尼の歌は書物になった）、海量は感慨を断ち切るように、以前尼からもらった歌を思い出していた。

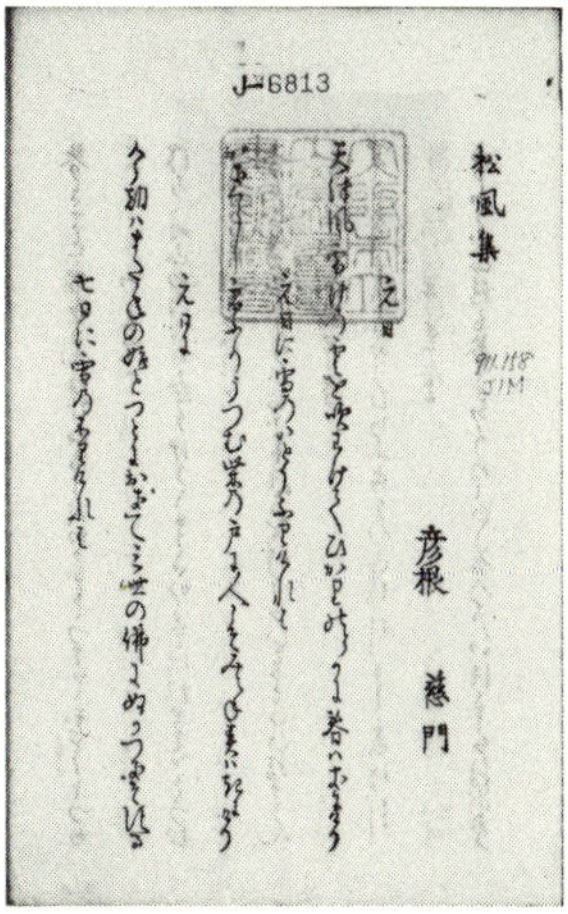

慈門尼『松風集』天明四年刊
（大阪公立大学杉本図書館蔵）

　海量法師が陸奥《むつ》へゆく時、常《つね》に持ち慣れにし袋にそへて送りける
手にふれし形見とも見よ水茎《みずくき》の岡の草葉の露と消えなば

わたしが書いた、この歌を　あなたが常に携えている袋に添えておきますね　形見とでも
思ってください　この老いた身が　はかなく消えてしまったのなら

こころの中で、海量も歌を詠んでいた。

さとね山もみづる木葉《このは》見る毎《ごと》に別れし秋のしのばるゝかも

彦根の里根山の紅葉を見るたびに　あなたとこの世でお別れした秋の日が　忘れられません

海量は、あるじのいない庵に手を合わせた。その頬に瀟湘《しょうしょう》と風が吹き抜けてゆく。

ブックガイド　慈門尼（一七〇〇～一七七五）。江戸中期の黄檗宗の尼僧。近江の国、彦根の生まれ。歌集に一七八四（天明四）年刊『松風集』があります。同書に付された海量の序文に慈門尼の人となりがくわしく記されており、本篇はその序文に基づいて創作したものです。なお、海量（一七三三～一八一七）は江戸中後期の浄土真宗の僧で、国学者としても知られています。その伝記については森銑三《もりせんぞう》「海量法師」（『森銑三著作集』第二巻所収、中央公論社、一九八八）があります。

第三章

源信《げんしん》とその母——りっぱな坊さんになるの、やめました

平安時代、ときに宮中《きゅうちゅう》は御講《おこう》の盛《さか》り。天皇、公家《くげ》が法会《ほうえ》などのもよおしで経文《きょうもん》を聴聞するのはもちろん、后、姫宮《ひめみや》、女官《にょかん》に至るまで、極楽浄土の夢を抱いて高座《こうざ》で語る講師《こうじ》の僧の説法に聴き痴《し》れていた。僧たちのこの世の栄華も、ここに極《きわま》れるとばかりに思われた。

そんななか比叡山《ひえいざん》のうちでも比類ない若き学生《がくしょう》である源信もまた、三条大后宮《さんじょうのおおきさいのみや》がもよおした法華八講《ほっけはちこう》という、法華経八巻を八人の講師でそれぞれ担当して説くという勤めを見事にやりおおせたのだった。

褒美も出た。はじめての経験だった。彼は率直に喜んだ。

「故郷の母に見せたら、さぞかし喜んでくれるだろう」

じぶんとおなじように——そう思って疑わなかった。なにしろ幼少の頃から僧になることを願って出家させた信心深い母親のことである。源信は取り急ぎ手紙をしたためて褒美の品を母の

いる故郷に送った。

はたして母のもとに手紙と品々が届いた。母親が手紙をひらき見ると、息子は誇らしげに近況を伝えている。

源信の母は、はらはらと涙を流した。と、涙を押しとどめるように天を仰いでつぶやく。

「……ああ、おまえはホントに、つまらない人間になったもんだ」

――わたしはこんなもののために、おまえを出家させたおぼえはないよ。

胸の奥で言葉を殺した。ひとしきり涙を流したあと、おもむろに墨を摺り出した。

息子に手紙を書くためだった。

末法思想《まっぽうしそう》の時代と藤原道長

この源信は天台宗の僧で恵心僧都《えしんそうず》、横川《よかわ》僧都ともいう。九四二（天慶五）年に生まれ、一〇一七（寛仁元）年に没している。源信母子についてふれるまえに、この時代の信仰のありかたについて、すこしふれてみたい。

今からおよそ一千年ほど前の平安時代。ひとびとのあいだには「末法思想」が広まっていた。

末法思想というのは諸説あるが、だいたいつぎのとおりである。

まずは釈迦が入滅して千年の間は仏の教えが正しく受け継がれ、よい仏弟子が生まれる「正法」の時代がやってくる。

そののち千年過ぎると、実のともなわないかたちだけの修行が行なわれ、よい仏弟子も出なく

恵心僧都（源信）像（延暦寺蔵）
恩賜京都博物館 編『天台霊華』（一九三七）より

なる「像法」の時代が到来する。

さらにその後の世は「末法」と呼ばれ、仏の教えも廃れて人心《じんしん》もすさみ、世界は荒廃する、という一種の終末思想である。

当時のひとびとは、ちょうど平安の世が末法の時代に当たると考え、不安におそわれていた。こうしたことは当時の貴族の日記などからもうかがわれる。

来世というものが、まことしやかに信じられていた時代。末法思想の到来は来世への不安を生み、平安時代末期の貴族社会を信仰に走らせた。そこで彼らは私財を投じることによって救われようとした。老いや死、死後の世界を身近に考えるにあたって、寺を建立し、仏の教えに身を捧げようというこころを発《おこ》したのだった。

平安時代の歴史物語『栄花物語《えいがものがたり》』では、藤原道長（九六六・康保三〜一〇二八・万寿四）の栄華の人生と極楽往生のさまを伝えている。

病気になった道長は、治癒しそうにもなかったので一〇一九（寛仁三）年に出家した。当時は、出家すると病が癒えるという信仰もあった。その後、極楽を模倣した寺院、阿弥陀堂（法性寺《ほっしょうじ》）を建立し、さいごには延命治療や家族と会うのも拒んでひたすら念仏を唱えたという。

藤原道長の記した日記『御堂関白記《みどうかんぱくき》』は、道長が亡くなる六年前の一〇二二（治安元）年九月が最後の記述となる。その内容はつぎのとおりである。

一日、癸酉。初念仏十一万遍。
二日、甲戌。十五万遍。
三日、乙亥。十四万遍。
四日、丙子。十三万遍。
五日、丁丑。十七万遍。

日々、念仏を唱えていたさまが、つぶさにうかがわれる。

じごく・ごくらく・『往生要集《おうじょうようしゅう》』

現代にも伝わる極楽浄土、または地獄にまつわるイメージ。これはどこからきたものか。

そのきっかけとなったものに源信が編んだ『往生要集』がある。その冒頭の一文はよく知られている。

それ往生極楽の教行《きょうぎょう》は、濁世末代《じょくせまつだい》の目足《もくそく》なり。道俗貴賤《どうぞくきせん》、誰か帰《き》せざる者あらん。

極楽に往生するための教えやおこないは、濁った、汚れた世の中や末世《まっせ》、末法《まっぽう》の世の中にある人々を教えみちびく目であり、足である。出家した人も出家せずにいる人も、身分の貴賤を問わず、けっきょくのところ、この教えに行きつかない人があろうか、との意だ。

じっさい『往生要集』は中世・近世を通じて現代に至るまで、広くひとびとに地獄や極楽について知らしめる書となった。

天保十四年版『往生要集』挿絵
（東北大学附属図書館蔵）

本書のなかでは、極楽の景色がくわしく伝えられるともに、前世をねぎらう言葉をかける、思いやりに満ちた仏たちの様子も描かれている。仏道修行についてもさまざまな経論《きょうろん》・経典《きょうてん》が引用されていてひじょうに便利な書物であった。

他方で本書の冒頭では地獄のありさまがことこまかに語られている。そのため、ここがもっともおおく読まれてしまう部分でもあり、後世に強烈な印象を与えた。

ひとくちに地獄といっても、いわゆる大罪だけが問われるのではない。動物をほしいままにむさぼった者、いたずらをして人を困らせた者、人を恐ろしがらせた者など、日常のささいな罪にも応じて、堕ちる場所が決められていて、獄卒《ごくそつ》と呼ばれる鬼たちから拷問を受けることになる。

異《こと》なる人《ひと》の悪を作《な》して、異なる人の苦報を受《う》くるに非ず、自《みずか》らの業《ごう》にて自ら果《か》を得るにて、衆生《しゅじょう》は皆是《みなこれ》の如し。

他人の悪事によって苦の報いを受けるのではない。自業自得の結果である。地獄へやってくる者は、みなこのようである、と獄卒は罪人にきびしく語るという。

現代で「地獄のような苦しみ」というと理不尽にも困難な状況に置かれた際に用いられることが多いようだ。しかしもともと地獄というのは、このように自らが招いた結果として苦しみを受ける場所なのだった。

源信と母

『往生要集』の著者源信については、あまり詳しいことはわかっていない。大和国葛城《やまとのくにかつらぎ》の人で、父親は占部《うらべ》正親、母親は清原氏の出身といわれている。母親が同国の高雄寺《たかおでら》に祈って生まれたとの伝承もある。

また出家した源信が同じ高雄寺で見た夢のこと。ひとりの僧があらわれ、曇《くも》った鏡を源信に手渡し「これはあなただ。比叡山横川で磨くように」と言われたという。このことがあって、のちに知られるようなすぐれた学僧となったという逸話もある（『首楞厳院二十五三昧結縁過去帳《しゅりょうごんいんにじゅうござんまいけちえんかこちょう》』）。

立派な僧侶としての源信を伝える逸話はさまざまあるが、なかでも平安時代の『今昔物語集《こんじゃくものがたりしゅう》』に収められている本章冒頭に紹介した母親とのエピソードはひろく知られている。

早くに父親を亡くし、母親に育てられたという源信。その母との逸話には、どのようなことが伝えられているのだろうか。

人生の転機と母の手紙

御八講《みはっこう》に召され、褒美の品と手紙を母のもとに送った源信であった。

冒頭でふれた通り、母はそうした源信のありかたに大きな疑問を抱いていた。母は息子に手紙を送ったが、そこにはつぎのように書かれていた。

「送っていただいた物は、喜んで頂戴しました。このような学問を修めた僧におなりなさったこと、限りない喜びでございます。しかしながらこのような御八講を行なうために、わたくしは、あなたを法師にしたわけではありません。あなたは、おめでたいことと思われるでしょうけれど、年老いたこのわたくしの気持ちとは違っています。

わたくしの考えとは、わたくしが生んだ子どものうち、女子《おんなご》はたくさんあるけれど、男子《おのこご》はあなた、ただひとりということです。

そのたったひとりの男子であるあなたを、元服もさせずに比叡山に登らせました。それは学問をして研鑽を磨き、多武《とう》の峰の上人《しょうにん》のように尊いお坊さまになってほしかったからです。そしてこの老婆が死んだら、どうか来世を願って救ってほしい。そう思ったからにほかなりません。

このように有名な僧になって華やかなふるまいをなさるのは、わたくしの本意とは違っています。

わたくしは歳を取りました。生きているうちにあなたが、わたくしの願うような意味での立派な上人となったのを安心して見定めて、それから死にたい。このように思うしだいでございます」

源信は手紙の文字を読むうち、みるみる涙を流したのだった。

源信の母親は息子が社会的な名声を受けるような僧になることを好まなかった。処世術のひとつのように仏法を扱う僧になるのではなく、ひたすら仏道修行に励むような高僧になって欲しいと源信に願ったのだった。

それにしてもここで母の語る「多武の峰の上人」とは、いかなる人物だったのであろうか。

奇行《きこう》の高僧 増賀上人《ぞうがしょうにん》

多武の峰の上人は、もとは増賀上人といい世間から逃れて大和《やまと》の多武の峰に住んだため、その名で呼ばれた。

増賀上人は当時から名の知られた僧であった。彼をめぐる珍しい逸話は多い。

平安時代中期の天台宗の僧であった増賀（九一七〜一〇〇三）は、熱心に往生だけを願ったことから、朝廷・貴族から出仕するように呼ばれてもそれを固辞し、呼ばれて出ていっても奇行をもって、みずから尊敬されるに足らない存在であることを強調したといわれる。

鎌倉時代の『宇治拾遺物語《うじしゅういものがたり》』には、そんな増賀のすがたが描かれている。

三条大后宮《さんじょうのおおきさいのみや》が剃髪して尼になろうとしたさい、受戒をさずける戒師の役を担ったのは増賀であった。

おごそかに、髪に鋏を入れる。周囲の者たちも、ありがたい景色にさめざめと泣いていた。髪も切り終わり、みな、すべてとどこおりなく終わったと安堵したときだった。

増賀は大声で言った。

「さてさて、この増賀を強引にお召しになったのは、なにごとでしょうか。まったくわかりません。もしかすると、わたしの、この汚らしいイチモツが大きいという噂をお聞きになったからでしょうか。それならば、たしかに人のものより大きくはございましたが、今では絹を練った布のごとく、くたくたでございますよ」

啞然とした。御簾《みす》の向こうにいる女人たち、公卿、殿上人《てんじょうびと》、僧たちは眼も口も空いたままふさがらない。それまでの尊さがすっかり吹き飛んでしまった。そんな周囲を尻目に、増賀は袖をかき合わせながらさらに言う。

「歳をとりましたもので、風邪を引いても症状が重いのです。今は腹の具合だけが悪いようになりましたが、こんなことだから参上いたしたくはなかったものを。強いてお召しになるので、よくよく注意しておりましたが、もう我慢がなりません」

と急いで退出すると、寝殿造りの外側に向いた縁側に、尻をかかげてしゃがみ、音高く排泄をはじめた。

もちろん三条大后の宮の前をはじめ、一同に聞こえるような音だったので、これらを聞いた若い殿上人たちは、もう笑い騒いで収拾がつかない。

『宇治拾遺物語』では、この逸話を評して、つぎのように語る。

　かやうに事にふれて、物狂《ものぐるひ》にわざと振舞ひけれど、それにつけても、貴き覚《おぼえ》はいよいよまさりけり。

このように、わざと狂人のように振舞っていたけれども、それによってますます尊いという評判は高まっていったのだ、と。

いっぽう鎌倉時代の『古事談《こじだん》』（源顕兼《みなもとのあきかね》編）では、増賀が『魔訶止観《まかしかん》』という仏教について論じた書物を書写するために美しい紙を欲しがっていたという逸話が載る。この世での名声を得ることから離れようと、あえて我が身を汚すようなことをしていても、敬愛する書物を写す紙には惜しみなく美しいものを求める。そうした増賀のすがたは、むしろ耽美にさえ思われる。

みちびきあう親と子

話を源信母子にもどそう。源信は母からの手紙を読むと、泣きながら、すぐにまた返事を書いた。

「わたしは有名な僧になろうとする気持ちはなく、ただ、お母さまである尼君《あまぎみ》の生きていらっしゃるうちに、このような身分の高い宮様たちの御八講に参上したということを、お耳に入れようと思うこころが強くて、そのようにしたのですが、仰せられたことには、たいそうこころを打たれました。

では仰せにしたがって、ただちに山籠《やまごも》りをはじめたいと思います。お母さまが『今こそ、会うに値する』と認めていただいた時に参上しましょう。そうでない限りは山から下りません」

すると、ふたたび母から手紙がきた。

「これでやっと安心しました。冥途《めいど》への不安もありません。かえすがえすも嬉しく思います。修行をおこたりなさらずにね」

源信はさっそく都を離れ、山籠もりをして修行に励んだ。母からもらった二度の手紙を巻物の中に一緒に巻き入れ、ときどき取り出して見ては泣いていた。

こうして七年目の春がきた。源信は母に、お会いしましょうかと手紙を書いた。けれど源信の母親は、会いにくる暇があったら修行をしなさいと返答してきた。さらに母親からは、会いたいと思ったら、そのときは自分から手紙を書く、とまで書かれていた。

源信は、またも母の強いこころに感動し、再び修行に励む日々を送った。

九年が過ぎたある日のこと。修行中だった源信は、ふと母親のことが気にかかった。母はもはや高齢である。これは虫の知らせかもしれない、あるいは自分が死ぬのだろうか、とも思った。

「会いにいこう」

源信は馬に乗って出立した。大和の国に入ると、道中、手紙をたずさえた男とすれ違った。思わずふりかえる。手紙を持った男の背に胸騒ぎを感じた。

「おうい、どこへお行きなさる」

手紙を持った男は応《こた》えた。

「どこそこの尼君《あまぎみ》の子で、横川にいらっしゃるお坊さまのもとへ手紙を持っていくのです」

「それはわたしのことだ」

不安は的中した。手紙を受け取り、馬に乗ったまま開いてみる。手紙は、ふだんの母の字とは思えないほど乱れた字で書かれていた。

「ここ何日か、たんなる風邪を引いたと思っていましたが、年老いたせいか、一昨日、昨日でだいぶ弱くなりました。

むかし、わたしはあなたに、わたしから言い出さないうちは帰ってこなくていいといったことがありましたね。いよいよ、さいごの時が近づいたように思います。はやく、はやく帰っておいで」

涙が雨のように落ちてきた。弟子の学生たちを二、三人ほど連れていたので、事情を語って馬を早めて行くと、日暮れには家に到着した。

急いで母の枕辺《まくらべ》に近寄る。ひどく弱くなっていた。源信は大声で言った。

「やってきましたよ」

母親はうっすらと眼をあけた。

「なぜ、こんなに早くいらっしゃったのですか。今朝、早くに人を出したのに」

「お母さまが、このようにおなりになったからでしょうか。とみにお母さまを恋しく思いまして、参上する道中で使いの者に会いました」

母親は満ち足りたような笑みを浮かべると、

「そうでしたか……死ぬ時にお会いすることは決してするまい、と思っていましたがね、今こうしてお会いできるということは、深い縁があるのですね。嬉しいことです」

息も絶え絶えになっていう。源信は訊ねた。

「念仏を唱えていらっしゃいますか」

「こころでは唱えようと思っているのですが、力がないうえ、念仏を勧めてくれる人がいないのです……」

源信は仏にまつわるありがたい話などを聞かせながら、念仏を唱えることを勧めた。母親は熱心に仏道へ帰依するこころを起こして念仏を一、二百回ばかり唱えたところ、早朝になって、消え入るように亡くなった。

源信は語った。

「わたしたち親子の縁が深かったために、わたしはお母さまの臨終に立ち会うことができました。わたしがお勧めしたため、お母さまはさいごのさいごまで念仏を唱えて亡くなりました。往生なさったことは疑いないでしょう。ましてわたしを仏の道に勧め入れてくれたおこころざしがあるのですもの、臨終もこのようにすばらしく、お亡くなりになりました。親は子のため、子は親のための尊い善知識《ぜんちしき》であることよ」

源信は、涙を流しながら比叡山に帰っていったという。

善知識とは、人を仏道に帰依するきっかけを与える存在や人をさす語である。その善知識が、このばあい源信にとっては母親であった。

また源信の母親は、臨終間際に念仏を唱えたいという気持ちがあってもそれをみちびく人もなく、思うように唱えられなかった。そして自分の息子にそれを頼み、念仏を唱えながら落ち着いて死に臨むことができた。死の間際まで念仏を正しく唱えることができれば極楽に往生できると信じられていた。

こうした点を「祖《おや》ハ子ノ為、子ハ祖ノ為ニ無限《かぎりな》カリケル善知識《ぜんちしき》カナ」、親は子のため、子は親のため、お互いがお互いを高めあい、かぎりなく導きあう存在なのだ、と『今昔物語集』は語る。

ちなみに源信は兄弟にも尼僧がいる。願西尼《がんさいに》といってこちらも著名な尼である。平安時代の仏教説話集『大日本国法華験記《だいにほんこくほっけげんき》』によれば信仰心といい、学才といい、源信にまさるとも劣らない信仰者であったと記されている。

我が子に学ぶ——住井すゑと永六輔の親子観

現代のはなしになる。作家住井すゑと永六輔《えいろくすけ》の対談には両者の興味深い発言がある。

住井　だから子供が親を尊敬するんじゃなく、親は子供こそ尊敬しなくちゃいけないんですよね。日本人は逆になってるんだよな。

永　逆になっていますね。

住井　日本人の倫理観というのはどうかしているよ。

永　そこはうちも父がよくいっていました。「お前たちのおかげで親にさせていただいたんだから、ありがとう」って。子供の時にそれがわかりませんでしたけど、いま思い出しました。子供にそんなふうにきちんとあいさつする親父でした。

住井　子供が親に恩があるんじゃなくて、親が子供に恩があるんですよ。わたしはいつもそういう気持ちでしたね。

（『住井すゑと永六輔の人間宣言《じんかん》』光文社、一九九五）

本書中、住井は子どもの出来や不出来ではなく存在じたいが、どうであれ「自分の子供が最高でなければ生きている意味はない」とも語り、永はじしんの父親が僧侶であり、ほとけのまえではすべて平等であるという考えを持っていたとも語っている。

さて『往生要集』序文では、つぎのように書かれている。仏の教えはひとつでなく、修行法もたくさんある。知識のある者なら自分からすすんで極楽へゆくための修行ができよう。そしてそれほどの実力がある者であれば、自分の力で救われることもできよう。しかし――「予《よ》が如き頑魯《がんろ》の者、あに敢《あえ》てせんや」。

すなわち、自分のようなガンコで愚かな者にそうした修行ができようか、と語りかけてくる。人をみちびく書として、親しみやすい序文としても知られている。末永く読み継がれているのも、このためであろう。

出家者必携《しゅっけしゃひっけい》の書

当時の出家者必携といわれた鎌倉時代の書物『一言芳談《いちごんほうだん》』には、『往生要集』について次のような言が載る。

非人《ひにん》法師の身に、学問無用といふことも、分際《ぶんざい》あるべきことなり。器量あらむものは、形《かた》の如く、往生要集の文字読み風情《ふぜい》のことをもて、生死《しょうじ》無常のくはしきありさま、念仏往生のたのもしき様《さま》など、時々は繰《く》り見るべきなり。

（簗瀬一雄校注・訳『一言芳談』角川書店、一九七〇）

世を捨てた僧に学問は無用といっても程度がある。学問ができるなら『往生要集』を読み、生きて死ぬ無常の世のくわしいありさまや、念仏して極楽往生を遂げる頼もしいようすなど、おりにふれて繰り返して見るとよい、と。

つまり、いたずらに学問をして知識欲を満たすことは戒《いまし》めたいが、信仰心をやしなうためには『往生要集』を読むとよいとのこと。

このような『往生要集』の受容のされ方からも、それを編んだ源信もまた、求道心《ぐどうしん》のつよい僧として、尊敬されていたことがうかがわれる。

上述の源信母子の説話は、鴨長明《かものちょうめい》『発心集《ほっしんしゅう》』（鎌倉時代成立）にも伝えられている。長明もまた出家の際に、さまざまなものを捨て切った小さな庵の中で、『往生要集』の要点を抜き書きしたものを持ち込んでいた（『方丈記』）。

『大日本国法華験記《だいにほんこくほっけげんき》』には、源信が往生を果たしたことが伝えられている。

仏の教えを知りたい者にとっても、出家者にとっても、源信はかけがえのない善知識であった。そしてその陰には、彼を導いたさらなる善知識である母がいた。

社会的な名声を得たり、褒美をもらうひとになるより、ひたすら仏道に専心するような出家者であってほしい。現世において有名になり、評価されることが、ほんとうの意味で自己の鍛錬に資することになるというのか。源信の母のことばは、現代を生きる者にとってもひとつの生き方を示す指針となるものだろう。

コラム
女性と仏教

本書は女性と仏教のかかわりをテーマにしています。そうである以上、やはりこのことについては触れておく必要があると考えますが、仏教は歴史上、女性を埒外に置いてきた宗教でした。女性は往生できず、極楽浄土には女性は存在しないと記した経典も多数あります。じつは、はしがきで引用した『荘厳菩提心経《しょうごんぼだいしんぎょう》』も、説明の都合上あえて省略しましたが、ほんらいは次のように「善男子《ぜんなんし》」と冠されていました。

善男子。菩提心者。非有非造離於文字。菩提即是心。心即是衆生。

こうしたことからも多くの経典は男性向けに書かれたものであることがわかります。法華経提婆達多品《ほけきょうだいばだったほん》では、ほんらいは仏となることができないとされていた女性が、男性に成ることではじめて成仏できたと語られています。これを「変成男子《へんじょうなんし》」と呼びますが、どうあれ仏と成ることには変わらないのだと女人《にょにん》往生の根拠として捉え返され、女性の信仰をあつめました。無量寿経《むりょうじゅきょう》にも菩提心《ぼだいしん》を起こし、じぶんが女身《にょしん》であることを厭《いと》う女性を、男性として生まれ変わらせることが阿弥陀仏の誓いのひとつとして記されています。

こんにちの視点からすると、仏教では女性のすがたがそのまま肯定されていないことに違和感を覚えるかもしれません。女人禁制の霊場が多くあることからも、歴史的に仏教は、女性が女性のままであることを忌《い》みきらう側面があることは否定できません。

しかし仏教の信仰から女性が排除されていたわけではないことは、本書でとりあげた女性たちの生きざまからもおわかりいただけるかと思います。また、現代の仏教の主要の宗派が女性を蔑視したり、排除しているわけでもありません。

第四章

瀬戸内寂聴《せとうちじゃくちょう》——笑顔が結論

年上の夫とは女子大在学中に見合いで出会った。夫の任地である北京に赴き、夫婦生活をいとなんだ。戦争のまっただなか、当地で女の子を産んだ。そして敗戦の混乱のなか、親子三人ようやく日本へ帰ってきたころのことだった。

瀬戸内寂聴
『笑って生ききる』（中央公論新社、二〇二二）より

年下の男を好きになった。好きになっただけだった。彼は、たいへん読書家で会話がはずんだ。それだけだった。はじめての恋愛にとまどい、肉体関係があるわけでもないのに、夫にそのことをくちばしってしまった。

破局がはじまった。夫の暴言、暴力。女はまだ小さな娘を置いて家を出た。女はみずからのちからで生きるため出版社への勤務などを経て、ついには筆一本での執筆活動に乗り出し、経済的な自立を確立するとともに、さまざまな相手との恋愛を重ねていくことになる。

寂聴尼に『いずこより』という自伝的小説がある。一九六七(昭和四十二)年から六九年まで雑誌『主婦の友』に連載され、一九七四年に筑摩書房から単行本化された。いま紹介したのは、『いずこより』の主人公が辿る前半生である。

李麗仙《りれいせん》からみた寂聴尼

女優の李麗仙(一九四二〜二〇二一)は、劇作家で俳優の唐十郎《からじゅうろう》(一九四〇〜二〇二四)を介して、はじめて瀬戸内晴美と出会ったという。ちょうど『いずこより』を連載していた六〇年代末のことで、寂聴尼はまだ出家していない。当時のことを李麗仙は次のように回想している。


瀬戸内さんにしゃぶしゃぶをごちそうになった夜、私は片目に眼帯をしていた。唐と喧嘩をして殴られ、目の周りに青アザができた。それを隠すためだった。

「どうしたの、その目?」

瀬戸内さんが眉を曇らせてたずねた。

「整理ダンスの上の時計が、落ちてきたんです」

とっさのことだったので、我ながら下手な嘘しかつけなかった。

「あら、そうー。災難だったわね」
すべてをお見通しのうえで、瀬戸内さんは私の嘘に付き合ってくださった。

（李麗仙『五つの名前』集英社、一九九九）

李麗仙の洞察力のよさもさることながら、じつは瀬戸内晴美は『いずこより』で、夫に殴られた痕をかくすために主人公が眼帯をする、という李麗仙とまったくおなじシチュエーションを描いている。そのため、こうした素知らぬふりの、訳知り顔もできたのだろう。

李麗仙『五つの名前』（集英社、一九九九）より

それからは、おりおりに彼女と親交のあった李麗仙だった。劇団状況劇場に在団していたころ、京都で上演するさいは、よく瀬戸内晴美宅に泊めてもらっていたという。

お風呂に入って頭を洗い、さっぱりした感じの瀬戸内さんが私たちの前に現れた。その肌の白さといい、洗い流しの長い黒髪といい、匂うような色気だった。その頃の瀬戸内さんは私の母と同じ四十代で、私からすればお母さんの感じだったから、あまりの色っぽさに言葉を呑んだ。肌もあらわに男を誘う色気といわれるものなど、問題ではない。女の色気というのはこういうものなのか、とはじめて知る思いだった。

（『五つの名前』）

年齢問わず、ふしぎな色香をまとう作家だった瀬戸内晴美は、しかしやがて出家する。瀬戸内寂聴と名乗り、文学作品だけでなく、かず多くの法話を世に残す人物となった。

色香と虚無

瀬戸内晴美は一九二二(大正十一)年、徳島県徳島市に生まれた。一九四〇(昭和十五)年に東京女子大学に入学し、のちに見合いで結婚する。夫とともに北京で暮らしたあと、終戦後に娘と夫と三人で日本へ帰ってきた。二十六歳の頃、ほかの男と恋愛をして、夫、娘を置いて家を出た。そののちは京都で出版社や京大附属病院内の研究室や図書館などに勤務するかたわら、小説を書き続ける。

『花芯』(一九五七)という作品がある。表題の「花芯」とは中国語で子宮を意味する言葉だという。

本作発表当時の批評について、瀬戸内は違和感を隠せなかった。「全くのフィクションの意欲作『花芯』を私小説と誤読され、ひどいめに逢った記憶と怨み」と、のちに自著解説のなかで述懐している(『私解説』所収「死せる湖・おだやかな部屋・私小説」新潮社、二〇一二)。

また、次のようにも述べる。

平野謙氏に新聞の文芸時評で、石原慎太郎さんの「完全な遊戯」と共に、マスコミのセンセーショナリズムに対する追随が読みとれると心外な評をされ、びっくりした。子宮という言葉が多く使われ過ぎているというのである。その後は、まるでその評に追随するように匿名批評などで散々叩かれた。作者は性交しながら書いたのだろうとか、自分の性感度の好さを誇示しているとかいう類いの下司《げす》なものばかりであった。（『私解説』「花芯・夏の終わり」）

自作へのこうした性的イメージに基づく評価には激しく反論しているが、いっぽうで彼女じしんはべつに性的なものを嫌っていたわけではなかった。性的関係をふくむ私生活を赤裸々に綴った私小説的な作品もある。

小説はあくまで虚構で、その作者の実人生とは必ずしも同一視するべきではないのは大前提だが、日常生活のなかですら、さきの逸話からもわかるとおり、李麗仙のような女優の眼からみても、魅力ある色艶《いろつや》や所作をそなえていたようだ。

『花芯』は女主人公の、少女の頃からの性的な早熟ぶりや、結婚後に夫とは別の相手に恋情を燃え上がらせ、ついにはその場かぎりの異性関係を繰り返すようになるありさまが淡々と語られたのち、作品の末尾はつぎのように記される。

死というものを、私は、セックスの極におとずれる、あの精神の断絶の実感でしか想像できないのだ。

どこかのホテルの片すみで、その夜だけの男と枕を共にしながら、ある朝、私が冷たくなつている……もう何度となく描いた私の死にざまにも私は怯えない。

こんな私にも、人しれぬ怕《おそ》れがたつたひとつのこつている。
私が死んで焼かれたあと、白いかぼそい骨のかげに、私の子宮だけが、ぶすぶすと悪臭を放ち、焼けのこるのではあるまいか。

（『花芯』三笠書房、一九五八）

主人公にとって、男女の肉体的なかかわりだけが、死と、そしてその裏側にある生を実感させてくれる。本作で描かれているのは、そのような虚無的な女のありさまである。

瀬戸内晴美時代の作品には、こうした虚無的なテーマを扱った作品が少なくない。しかし、そのような作品を書き続けてきた人物が、出家して寂聴尼となり、メディアに登場する際にはとても人懐っこい笑顔を見せる。寂聴尼といえば、まずあの印象深い柔和な笑顔を想起する方が多いのではないだろうか。

笑顔のゆらい

寂聴尼は当意即妙に人を喜ばせる。後年になるが寂聴尼が九十一歳の頃、千葉の幕張メッセで開催された若者向けの大規模イベントに出演したときのこと。

会場のすごい熱気に私も興奮して、開口一番、「青春は恋と革命だ！」って叫びました。そうしたら「ウワーッ！！！！」と大歓声。

（『寂聴　九十七歳の遺言』朝日新聞出版、二〇一九）

寂聴尼はひとを笑顔にさせるのも上手だが、みずから笑顔をみせるのも得意であるようだ。寂聴尼じしんは自分の笑顔のゆらいについて次のように語っている。


小さい頃から私は母にいつもいわれていました。

「お前は器量が悪いから、いつでもニコニコしていなさい」

顔かたちというのは親譲りですから、「自分で産んでおいてよくいうよ」と腹が立ちました。

でも、母の言うとおりにいつもニコニコしていたら、まわりの大人たちが「晴美ちゃんは、いつもニコニコして元気がいいね」とほめてくれて、頭をなでてくれるのです。

今にして思うと、私の母は仏教で言う「和顔施《わがんせ》」を教えてくれたのかもしれません。

「自分は不幸だ」と思って笑顔を忘れた時に、不幸が倍になります。だからなるべく笑顔で楽しいことを考えて下さい。不幸が逃げて行って幸せなことがくっついてきます。これは生きていくうえでとても有効な方法のひとつです。百近く生きた人間が言うのだから間違いありません。


（前掲書）


和顔施というのは、柔和な面持ちで人と接することである。寂聴尼の印象的な笑顔には、こうしたわけがあったようだ。

そういえば、さきの『花芯』にもこんな笑顔が登場する。

そうだつたかしら、私は声にださないで、ぼんやり微笑する。

生来無口な私は、男と逢つていても、ほとんどしやべることがなかつた。ことに、相手が越智のばあいには、私はただ、につと笑つたり、恍惚と目を細めたり、ほんのすこし首をかしげたりするだけで、ことがたりた。越智は、じぶんの言いたいことよりも、私のしやべりたい言葉のほうを、私よりも的確にしやべつてくれる。

（『花芯』）

本作の主人公は微笑むことで意思を伝える。そして、その笑顔で異性と虚無的な関係を繰り返す。

幼い頃から笑顔で、それが重宝したという寂聴尼。笑顔を「生きていくうえでとても有効な方法のひとつ」と語り、当意即妙に相手の期待に応えるのも得意だ。

そんな彼女はどうして出家など思うにいたったのだろうか。

放浪の本性

さきにも触れた『いずこより』の主人公は夫婦生活の破綻によって娘を捨てるが、一度捨てた娘に、こっそり会いにゆく場面も描かれる。また後年になって成人した娘の写真を入手し、それを眺めながら、主人公がさまざまに思いを巡らせる場面がある。

私の目は、まるで、知人の娘の写真をみるような冷静さでそれをみつめていたし、その写真から、娘の属する生活のすべてを空想しようと、心をさわがせていた。（中略）それは子を捨てた母親が、こういう場合におかれた時の、動物的な肉親感情とか、母性愛というものにはおよそ縁遠いものであった。（中略）そして今、娘の写真をみる私の目は、母親の目でも、血縁者の目でもなく、一人の小説家としての、好奇心にみちた冷い貪欲な目つきなのであった。

主人公はみずからが母であることを拒んでいる。「これは娘ではなく他人だ」、「私は母ではなく作家だ」と自分に言い聞かせているかのようでもある。とはいえ、子どもを置いて家を出たという自責の念は、作中のおりおりに語られる。しかし、いざ娘の写真を眼にすると、主人公はこのように思ってしまう。

さらに主人公の恋愛遍歴も刹那的で、一度別れた相手とよりを戻してみたり、また別れたり、同時に複数の相手と関係を持ってみたりなど、つねにその都度の熱情に突き動かされながら、けっきょくは、ひとつのところにけっしてとどまることがない。

作品の末尾では、主人公が編集者にあずけた『放浪について』と題された随筆が引用される。そこではみずからの生きかたを西行や芭蕉ら過去の放浪の詩人たちに重ね、つぎのように述べている。

しかし芸術家は本来、放浪の本性を持つことが第一条件ではないだろうか。（中略）芸術家が一つの家庭にしばりつけられ、一人の妻や、その女の生んだこどもたちの恩愛にしがみつかれているのこそ、むしろ不思議に思われる。はじめから芸術家は、家庭を持つべきではないのではないかと、このごろ、私はしきりに考えている。

（『放浪について』）

『いずこより』という作品は右の引用のあと「車窓には一時かくれていた海が、また光りはじめていた」という一文で終わる。

じしんの虚無的な生き方を「放浪の本性」と捉え返し、全身で肯定しようとする主人公の眼前には、海原がひろくひかり輝いている。『放浪について』は、じっさいに一九七二年に講談社から瀬戸内晴美の名で単行本化されている。

寂聴尼が出家したのは『いずこより』執筆後から四年経ってのことだった。一九七三年、岩手県の中尊寺（天台宗）で得度式《とくどしき》がおこなわれた。彼女の得度をおこなった師僧は、作家で天台僧の今東光《こんとうこう》（一八九八〜一九七七）。法名を寂聴、このとき五十一歳だった。翌年、京都の嵯峨野に寂庵を結ぶ。

女の稿料

寂聴尼は出家するまえから現代の女性の置かれた境遇に対してさまざまな疑問を持っており、ときにはそれを作品の題材とし、また実際にそうした活動に加わったこともあった。

作家の住井すゑと寂聴尼のあいだに、つぎのようなエピソードがある。

「『女だから駄目』というのは自然に対する侮辱」と語る住井すゑは、男性作家と比べて女性作家の稿料が低いことを問題視したことがあった（『いのちに始まる』大和書房、一九九七）。賛同者を募ろうと女性作家たちに呼びかけたところ、協力を申し出てきたのは寂聴尼だけだったという。

実はこうした運動を、当時、ほかの女流作家たちにも呼びかけたのですが、私といっしょに闘ってくれたのは瀬戸内寂聴さんだけでした。彼女はまだ新人でしたが、自分の運命をかけて私と共に行動すると言ってくれたんです。

出版社側からすれば迷惑な運動ですから、それに関われば当然、リスクを負うことにもなりかねない。物書きとしてやっていけなくなることだってあったかもしれません。

それでも、人間としてやらなければならないことは、避けてはいけない。女として生きることが悪いとは言いませんが、その前に、人間としてどう行動すべきか。どんなときにも、そのことを忘れてはいけないと私は思います。（前掲書）

住井一家は茨城の牛久沼のほとりに長く住んでいた。喘息をわずらう夫の世話をしながら、四人の子どもを育て、小説を書き継いだ。住井の夫は、作家で農民運動家の犬田卯《いぬたしげる》である。

いっぽう、みずからに「放浪の本性」があると語り、異性とさまざまに関係を持ちながらひとり小説を書き継いだ寂聴尼。両者の生き方はまったく違う。しかし、誰も声をあげないところに名乗りをあげたのが、このふたりであった。

これは寂聴尼出家いぜんの出来事である。寂聴尼は先にもふれたように無用に言葉を費やすよりも、相手に笑顔を向けてその場を乗り切ることを人生の処世術としていたふしがある。しかし、どんなときでも相手へ追従《ついしょう》すればよいと考えていたひとではなかった。

そうした傾向は出家前の寂聴尼の小説、とくに女性の社会活動家に焦点をあてた作品にもあらわれている。

説教強盗と『余白の春』

大正末期から昭和初期にかけて、説教強盗と呼ばれた男がいた。夜半、あらかじめよく調べておいた家に入り、家人と交渉しながら金品を出させて、さらには早朝の電車で逃げるために夜じゅうその家に居座り、その家の防犯上の不備を説いて時間をかせいでいた。男には「説教強盗」というあだ名が付けられ、各新聞社はその正体をめぐって騒ぎ立てていた。

当時の世相は、右を向いても左を向いても金のないひとばかり。一九二七（昭和二）年の金融恐慌に続き、世界恐慌が起きたのが昭和四年。

説教強盗、本名は妻木松吉。逮捕されたのち、彼は秋田刑務所でひとりの人物と出会っていた。朝鮮の社会運動家でアナーキストの朴烈《パクヨル》（一九〇二～一九七四）だった（加太こうじ『昭和大盗伝《だいとうでん》―実録・説教強盗』現代史出版会、一九七五）。

朴烈は関東大震災のあった数日後に、恋人であった金子文子（一九〇三〜一九二六）とともに警察に拘束され、のちに大逆罪で死刑を宣告された。

金子文子は無戸籍だったがゆえに学校も行けず、母に暴力をふるい、母の妹にも手を出して肉体関係を結ぶ父から逃れ、母親について暮らすようになる。が、母も男の元を転々とする。文子は、ついに朝鮮に住んでいる子どものいない身内にもらわれていった。

そこで朝鮮人の使用人にたいする日本人の苛烈な差別を目の当たりにしたのち、文子はふたたび日本に帰される。その後、独学する決意を胸に単身、上京。社会主義者が出入りする店で働きながら出会ったのが朴烈だった（金子文子『何が私をこうさせたか』所収、山田昭次「解説」岩波書店、二〇一七）。

一九二六（昭和元）年四月、獄中の朴烈と文子は天皇の恩赦により死刑から無期懲役になるところ、文子は恭順するを潔しとせず、減刑状を破り捨てたという。

同年七月、彼女は独房で首をくくって自死した。

朴烈と金子文子について、日本と韓国の双方にそれぞれ入念な調査と実地踏査をかさね、関係者にも細かい取材をおこなって書かれたのが寂聴尼の『余白の春』（一九七二）だった。

寂聴尼は女性の思想家・活動家たちを積極的に取り上げた。

『美は乱調にあり』（一九六六）の伊藤野枝（一八九五〜一九二三）。

『遠い声』（一九七〇）の管野スガ（一八八一〜一九一一）。

幸徳秋水の妻であった師岡千代子（一八七五〜一九六〇）を描いた『鴛鴦《えんおう》』（一九七一）など。

これらの作品での女性たちは、いずれも強い信念を持って苛烈な人生を生き、社会の理不尽と闘った。そして、しばしば恋多き存在として作中に描かれている。寂聴尼はこうした女性たちの生涯を、じしんに引き付けながらも、いまを生きる女性に新しい生き方として提示してみせたのだろう。

「出家させられた」

寂聴尼はひとを惹きつける色香を持ち、また社交的な性格で、さまざまな人とさまざまな関係を持つことに歓びを覚える人であったし、ときに社会の矛盾にも立ち向かおうともした。その一方で、彼女はじぶんの「放浪の本性」ゆえに、そうした関係に縛られることを拒み続けた。その点において彼女はこころの中におおきな虚無を抱えていた。そんな彼女が仏の膝元に至ったのはある意味必然であったようにも思える。

寂聴尼じしんは出家の動機についてさまざまに答えている。ごく手短に、異性関係を清算するために出家したと語る（『増補版　笑って生きる』中央公論新社、二〇二二）こともあれば、たとえば次のようにも述べている。

訊かれる度、私は真実答えられなくて困った。秘密にするつもりはなく、私自身がなぜ出家しようと思いつめたのか解らなかったからである。その問いをかかえたまま、出家以前より更に多く書きつづける歳月が過ぎ去っていった。

その間、私は出家の理由を自分にひとり問いつづけてきた。私の出家は自分の書く作品にうながされた結果ということだけは解っていた。

（『私解説』所収「手毬・花に問え・白道」）

ほかにも出家の動機について「ほんとに『仏縁』としか言いようがないんです」（『寂聴 九十七歳の遺言』）とも述べている。

出家というのは、本人がいくら望んでも適えられるものではない。愛する者に死別したとか、裏切られたとか、生活苦で行詰ったとか、形而下的な問題で出家は出来るものではない。たまたま、そういう動機で出家してしまっても、その出家を仏が受け容れてくれない場合は、必ず当人は還俗《げんぞく》するはめになる。私は出家とは自分で選ぶものではなく、仏から選ばれて果すものではないかと思えてきた。

自分の出家の原因を問いつめることが、出家以後の私の作家としての仕事であった。逆上したり、感傷的になったりして出家は出来ない。自分の首根っこを何かに摑まれ、抗しようもなく、ぐいぐい引っ張られて、出家させられてしまったというのが、時間が経つにつれて納得した私の出家の様相であった。

（『私解説』所収「比叡・草筏」）

当意即妙に人を喜ばせ、元気づけ、わかりやすく語る。そうした寂聴尼であれば、出家動機のような人生の一大事についても、立板に水のような明快な回答を期待してしまいそうになる。

ところがじっさいに彼女の発言をおってみると、その答えはさほど明瞭なものではなく、時に微妙に違った答え方をしていることすらある。とはいえ、「出家させられてしまった」という寂聴尼のことばは、先述したようなじしんのこころの虚無と向き合った結果、もはやそのように言うしかないのだろうと妙に納得させられるところがある。

そもそも寂聴尼はもともと仏教にさしたる関心を持っていたわけではなかったようだ。作家の岡本かの子（一八八九〜一九三九）は仏教に傾倒し、ちょうど昭和初期の仏教復興の風潮もあいまって、仏教研究家として全国を巡り、仏教小説も執筆している。寂聴尼が出家いぜんに書いた『かの子繚乱』（一九六五）という作品があるが、それを執筆していた当時、かの子が傾倒した大乗仏教が何なのかすら、理解していなかったと寂聴尼は後年語っている。

また高岡智照尼の人生を題材にした先述の『女徳』（一九六三）を書いているときも、得度について本で調べながら、まさか自分が出家するようになるとは思っていなかったとも回顧している（ともに『私解説』所収「女徳・鬼の栖」）。

九十代のころ、寂聴尼は、いぜんの『花芯』への批評についても、あらためてつぎのように述懐している。

私も若いころに『花芯』という小説で女性のセックスもふくめた話を書いたら、エロを売り物にしているなどとずいぶん批判されました。腹を立てて猛烈に批判し返したら、さらに激しく返ってきて、その後5年間仕事を干されてしまった。そのときに、怒りというのは、そのまま相手に叩きつけないほうがいいということを学びました。どうしても我慢ができなければ、人を攻撃するのではなく、部屋で辞書でも投げておけばいいんですよ。（笑）

（『増補版 笑って生ききる』）

自分の苦労話をタネにして、相手をふと笑顔にさせる。寂聴尼は同書中「己を忘れて人のために生きる「忘己利他《もうこりた》」の精神が天台宗の根本の教え」だと語っている。「忘己利他」とは、平安初期の僧侶で、天台宗の開祖である最澄《さいちょう》（七六七〜八二二）の教えに拠る。最澄の言葉に「己を忘れて他を利するは慈悲の極《きわみ》なり」という言葉がある（『山家学生式《さんげがくしょうしき》』）。ひとのために奉仕できることが究極の慈悲であるとの意味である。

それまでの処世術としての笑顔も、いつのまにか多くのひとを笑顔にさせる利他のいとなみとなした寂聴尼であった。

母と娘と

みずから笑顔をみせ、また相手も笑顔にさせる寂聴尼であったが、じぶんの娘の笑顔について、つぎのようなエピソードを語っている。

寂聴尼が自分の娘と再会したのは、娘が成人して伴侶を得たあとのことだった。

娘夫妻は一向に悪びれず、私と食事をしたが、別れてひとりになった時、再会出来たという喜びよりも、私の心身には重い疲労が残っていた。

娘の表情に一度も笑みが浮かばなかったことに、その夜、ようやく眠りに誘いこまれそうになった時に気づき、私は思わず、寝床から身を起こしていた。（『私解説』所収「いずこより」）


かつて、みずからの意志で捨てた娘ではあったが、いざ再会してみると娘の笑顔のあるなしが気にかかる寂聴尼であった。

それから時を経て、寂聴尼の娘が七十二歳になったころのこと。


彼女（寂聴尼の娘・引用者注）は夫に先立たれました。するとこの1年くらいで、彼女と私との関係が微妙に変わってきたのです。

今年の母の日、私に彼女からプレゼントが届きました。今までそんなことはなかったのでびっくりしたし、なんだか胸が締めつけられました。もし私が2、3年前に死んでいたら、経験できなかったことです。私は娘に対して、家を出たことについて説明したことはありません。でもお互いに長生きすれば、わかり合える日も来るのですね。（『笑って生ききる』）

人を笑顔にする母へ、娘からのプレゼント。娘としては、これまでの母とのあいだのぎくしゃくとした思いは脇に置き、寂聴尼をまずは喜ばせようとの思いでプレゼントを送ったのだろう。

そもそも親子の離別や再会といったテーマは、古今をつうじて演劇、文学、映画などで繰り返し描かれてきた。寂聴尼も、文学者であるからにはそのことは自覚していたはずだ。だからこそ、小説でもそれ以外でも娘との関係を何度も繰り返し語ったのだろう。母と娘が離れ、ふたたび会う、母として苦悩し、子どもを手離す、それによって得た自由、また子どもへの関心・無関心のありさまなどは、性愛とならんで寂聴文学の終生のテーマだった。

二〇二一（令和三）年、寂聴尼は九十九歳で入寂した。

※小説等の作品にかんしては、雑誌初出ではなく、はじめて単行本になった刊年のみ注記した。

第五章
蓮月尼《れんげつに》の物語——焼き物にひとりいそしむ

蓮月と焼き物

天保三年、四十二歳になった尼の蓮月は岡崎村にひとり庵を結んだ。京の南禅寺にほど近い、静かなところである。

さて、なにをして暮らしの方便《たずき》としようか……今は亡き義父を相手に研鑽をつんだ囲碁の師匠になろうか、和歌の師匠か……。

しかし、まずその美貌が世人を放っておかなかった。よからぬ思いを抱いて近づいてくる男が絶えない。尼はそのたびに腸《はらわた》の煮えくり返るような思いを抱えながら、しかし素知らぬ態を装っていた。

長年の育ての親であった義父、すなわち西心《さいしん》とふたり、仏道三昧の暮らしを営んでいたころは、こんな憂いはなかった。

蓮月は、なにより世間に慣れていなかった。

かねてより肚《はら》に据えかねていたところ、また男が言い寄ってきた。蓮月は、庵にあった釘抜きをやおら取り出すと、男の眼の前でおのれの前歯を引き抜きだした。

そのきしむ音、したたる血といったら尋常ではない。

その後も男が声をかけてくるたびに、歯を抜いてみせた。前歯を何本か抜いたところで、やっとむやみに近づいてくる男はいなくなった。が、どうにも人を相手にすることは蓮月の性に合わなかった。

そこで手掛けたのが、焼き物だった。

大田垣誠《おおたかきのぶ》とその父

蓮月尼は、俗名を大田垣誠といった。寛政三年、京都の西加茂に産まれたが、すぐに知恩院宮《みや》門跡《もんぜき》の坊官であった大田垣伴左衛門光古《ばんざえもんてるひさ》の養女となった。

光古はこのとき三十五歳、仙之助《せんのすけ》という九歳になる男子がいた。そして妻が三十二歳。養女となった誠は、仙之助の妹のようにかわいがられ、ゆたかな愛にめぐまれた。

光古は学問が好きだった。仙之助は妹思いだった。仙之助を慕ってかたわらにいる誠も、しぜん学問を覚えていった。誠はやがて丹波亀山藩主松平家の奥女中として奉公に出る。

仙之助は元服して賢古《かたひさ》と名乗り、父、光古とともに知恩院宮に出仕することとなった。父子そろって勤める幸せの永続を、そのときはだれも疑っていなかった。

享和三年三月、もうすぐ温かくなろうという時節、折から病に伏していた賢古が亡くなった。まだ二十一歳であった。誠が慕っていた兄は一家の希望の柱だった。

賢古の母親は、あまりの悲しさに夢ともうつつともつきかねる病をさまよった。目が覚めては泣き、泣いては眠り、また目が覚めては泣き、それを繰り返して起き上がる気力もないまま、とうとう七十余日後、賢古のあとを追うように亡くなった。

(お母さまと、お兄さまはこころが一緒だったのだ)、いちどきに、ふたりも身内を失くす悲しみに手を合わせながら思っていた。

誠、十三歳の年のことだった。

誠の夫

誠は光古や賢古の影響もあり、学問や和歌が好きだった。

いっぽう、息子も妻も、いちどに亡くした光古は熟考に熟考をかさねていた。どうにか大田垣家に明かりを灯したい。亡くなってしまった者は無念ではあるが、悲嘆にくれていてもしょうがない。誠のためにも、よき夫を世話してやることが、ひいては家のため、亡くなった家族のためであろう。

光古は、こころをくだいて誠の婿を探した。それが誠のはじめの夫、大田垣望古《もちひさ》であった。文化四年、誠が十七歳のときであった。

ところがこの望古という男、悪い娘婿を絵に書いたような人物で、子さえなせばいいのだろうと高《たか》をくくり、誠に乱暴な口を聞く。舅《しゅうと》の光古がたしなめても、まるで誠を人質にでも取ったかのようにそれも軽んじて受け付けない。

光古は誠を案じて夫へ苦言を呈すが、存外、誠のほうは二夫にまみえずのこころで、光古の心配をも受け入れなかった。光古の忠告に、

「わたくしは、そのようなことを申し上げる立場にございませんので……」

と、お茶を濁すような返答しかしない。とはいっても誠も疲れていた。家の金を無断で使い、気安い女をいたるところに囲う。

光古は怒りを静かにたたえ誠に諫言《かんげん》するが、誠のこころはどうにも動かない。眼前の夫をかばうわけではないが、それなら「貞女は二夫にまみえず」、すなわち貞淑な女人はたとえ夫が死んでもふたたび夫を迎えることはない、という教えとは、いったいなんなのか――。

苦悩の日々を送るうち、せっかく授かった三人の子どもも小さいままで死んでいった。しだいに茫然としてゆく誠に、光古はついに覚悟の説得をした。

「わたしに免じて、離縁してほしい」

誠の、こころここにあらずの表情の中に、おいそれとのちの夫を迎えられない気色だけは読み取っていた光古であった。

誠と無常観

光古は、じしんが老いてゆくことについて焦りを感じていた。家のためにも誠のためにも、そ

ろそろよい夫を選びたい。妻と賢古の菩提《ぼだい》を弔いながら、（たったひとり残った誠ですら、幸せにさせてやれない）――光古は仏前に手を合わせ、途方もない空虚な気持ちを抱えていた。

光古の悩ましい思いを、家族思いの誠も痛いほどわかっていた。父を満足させてやりたい、家も幼子でにぎやかにさせてやりたい。（しかし、そうして私は……）

はじめの夫と別れて、四年の月日が経っていた。光古は、思い切って誠に再婚を懇願した。

誠は眼を落とし、それでも口元に微笑をたたえているようであった。こういうときの誠は、光古にとってわからないのであった。ややあって、

「もし、こんど夫を迎えたあと、なにか憂いがございましたら」

抑えた声のさいごが震えていた。

「この、俗世を捨ててもよろしいでしょうか」

誠は指をついてうつむいた。

（わたくしをここまで豊かに養育してくださったお父さまに、こんなことは、申したくないのに）もちろん父の願いもわからないでもない。誠が大田垣家にもらわれてきたときから、お家のために育てられてきただけのこと。（わたくしはお役に立ってこそ、お父さまの子となるのでしょう……けれど、今のわたくしには、どの教えより無常観がまさっているのです）

うつむいたままの誠の手の甲に、キラリとひかるものが落ちた。はっとして光古は、まじまじと誠を見た。

それは見間違いではなく、ふたたびぽつり、ぽつりと涙が落ちている。（無理をさせていた

……）光古は考えてみたこともなかった。子をなし、育てる。父子ともども誉れある職に勤仕する。それ以上の幸福をうたがったことがなかった。

顔をあげた誠に、ふと、少年の日の仙之助を思い出した。きっと妹思いの仙之助なら、おなじことを言ったに違いない。そう思うと、我が子ふたりに諭された気がした。さらに眼がしらが熱くなる。

「……そなたの、こころはよくわかった。そのときは、わたしも俗世を捨てよう」

誠は大きな眼をあげて光古を見た。

「ともに、仏の御弟子となろう」

骨ばった大きな手で顔をおおった。

二度目の結婚

それからの光古は、四方に眼をくばり、こころは地に伏して誠の夫を探した。

重二郎という男は申し分のない武士だった。ひとのこころがわかる、誠にちょうどよい夫と思われた――しかし、いかんせん身体が弱かった。

光古は案じた。見ているだけでもよくわかる。こころづかいの細やかさ、それに相応するように万事について、その細さ……身体も細ければ食も細い。一度体調を崩すと、十日は何もできない。

けれども一度目の夫で懲りている。身体がいくら頑強であったとはいえ、家に寄り付かず、放逸なふるまいを繰り返すような男は、家門に入ってほしくない。

さまざまに考えたあげく、重二郎を迎えることにした。重二郎は古肥《ひさとし》と名乗り入家した。誠も重二郎と和歌や書物などの話をして楽しそうに思われた。

女の子にもめぐまれた。誠に似た、かわいらしく、いかにも賢そうな子であった。（やはり、若々しい者どうし、家を支え合うのがよいだろう）光古はようやく安堵し、隠居の身となった。

ところが、光古が案じていたとおりのことが起きた。重二郎は病の床に伏した。重二郎がみずからの死期を悟る頃、誠もまた、決意していた。

誠は重二郎の枕辺に膝をついた。重二郎は重い瞼を上げた。変わらぬ誠の美しい顔が自分をのぞき込んでいる。曖昧な焦点がわずかに定まったとき、息を飲んだ。

誠はすでに、豊かな黒髪を肩まで切り落していた。もう誰とも夫婦とはならない、俗世のしがらみにも左右されない。重二郎の極楽往生を祈るじゅんびはできていた。

三十三歳、こうして誠は蓮月と名をあらため、夫を見送り、出家生活を営むことになった。

こころゆくまま

光古も蓮月とともに知恩院にて得度し、名を西心《さいしん》とあらためた。ふたりは知恩院山内真葛庵《まくずあん》で出家生活を送った。大田垣家では風見平馬の弟である太三郎が家督を継いだ。誠の娘が亡くなったのは、その後一年ほど経ったあとであった。

真葛庵では、西心、蓮月ともにこころを澄まして思うさま読経と和歌と、やすらかな日々を送った。親子はひたすらに法然の教えを信仰した。

法燈

はるけしとおもひし法のともしびは心をてらす光りなりけり

はるか向こうに感じられる仏法の明かりは　わたしのこころを照らす唯一の光

親子として、師弟のようにも暮らしてきたふたりであったが、ついに西心が病に伏し、今日をかぎりと思われるときがやってきた。

蓮月が枕辺で念仏を唱えていると、じっと彼女を見つめる西心のまなざしと出合った。もはや西心は何も語らなかった。どちらともなく笑みが洩れる。

(ああ、わたしたちは、たったふたりになってしまった)――蓮月は兄を失い、すぐに母を失った日のことを思い出した。

西心が入寂したのは七十八歳のときだった。蓮月は西心と暮らした真葛庵を離れた。爾来、四十年。

蓮月焼の誕生

生活の術を考えあぐねていたところ、知人から近くによい土があると聞いたこともあり、蓮月は焼き物を作ってみようと決心した。人里離れたところで、自力でどうにかなる手わざというのも気に入った。

土を捏ねて茶器を作る。土にまみれていると、世の憂さを忘れられ、ここちよいことこのうえない。

しかしできあがった器をみると、これまた、かたちのいびつなことといったらなかった。(まあ、なんとふつつかな)彼女はおもわず微笑んだ。と、思いついて、こんどはそこに、みずから作った和歌を釘で彫りこんでみた。

(ああ、これだ)——ふつつかなかたちの中に、こころがある、法《のり》がある。それは人の身と、こころのありさまのようでもあった。

さらにこれがよいのは我が身から見ても、よそから見ても和歌が眼に入り、おのずと風雅の道に通じるところだ。そのうえ茶器であれば隠士の好む品である。

蓮月は、焼き物を背負って市に立った。

つちもて花がめを造りて
手すさびにはかなきものを持出《もちいで》てうるまの市《いち》に立つぞわびしき

てなぐさみに作ってみたはかない花瓶　美濃国の歌枕の「うるま」ではないけれど　それを売り売りひとり市に立っています

しかしこれがどうして、こんにちにも名が残る蓮月焼という名品になった。

当時から蓮月の焼き物は巷に広く知られるところとなり、偽物すら作られるありさまとなった。ところが蓮月はこの偽物もこころよく受け入れ、偽物を作る職人たちが器に刻む歌に事欠くと言うと、親切に歌を書いてやり、蓮月独特の文字が器に入れづらいと嘆くのを聞いては、文字だけ彫ってやることもあった。

和歌については西心が亡くなったあと、香川景樹《かがわかげき》や六人部是香《むとべよしか》に学んでさらに道を究めた。彼女の和歌が人の知られるところとなると、ありとあらゆる身分のひとびとが彼女の歌を求めて遠路はるばるやってきた。

蓮月尼作 煎茶々椀　徳田光円『蓮月尼乃新研究』（三密堂書店、一九五九）より

そこで人の相手が性に合わない蓮月は、自分の庵に身代わりの尼を置いて、彼女に歌を書かせたという。その尼が蓮月の隠れ住む庵へやってきて、新しい歌をもらう。それを持ち帰って、偽物の尼が人の請われるままに書いてやっていたらしい。

しかしそれでも気に障るところがあったのか、人が尋ねてくるのが嫌で蓮月は引っ越しを繰り返した。これを世間の人は「屋越屋《やごしや》の蓮月」と呼んだ。屋越とは、引っ越しのことである。だがじきに住まいが知れることになるので、こんどは「蓮月留守」という札を出した。そして思うさま土を捏ねることにした。あまりに人がやってきて蓮月の名を呼ぶので、ときには蓮月本人が出て、「蓮月さんは、お留守ですよ」と応えることさえあった。

そうかと思えば、鍋に粥をかけたまま、留守にすることもあった。客人がきて、そのときの由《よし》を問うた。尼は粥のお菜を買いに出たまま、ふと吉野の桜を見に行こうとして、かといって路銀はなし、野宿をすることになったのだという。

花のころたびにありて
やどかさぬ人のつらさを情にておぼろ月よの花の下ぶし

だれも宿を貸してくれないけれど　それもきっとわたしを思ってのこと　月あかりにぼんやり照らされた満開の桜を　寝ながらに眺められるのだから

尼は手控えにこれをしたためると、ゆるやかに微笑してみせた。

こうしてひっきりなしに名もない人がやってくるものだから、名家と呼ばれる人たちも続々とやってきた。梁川星巌《やながわせいがん》、梅田雲濵《うめだうんぴん》、野村望東尼《のむらもとに》、橘曙覧《たちばなあけみ》、村上忠順《むらかみただまさ》、深見篤慶《ふかみあつよし》、遊女桜木《さくらぎ》、春日載陽《しゅんじつたいよう》、冷泉為恭《れいぜいためちか》、大谷光勝《おおたにこうしょう》など枚挙にいとまがない。

なかに富岡鉄斎という少年がいた。鉄斎は漢籍から儒学、仏典、国学や詩文についてよく学んだが、和歌は、はやくから蓮月の導きを得る機会にめぐまれていた。

人をなかなか寄せ付けない蓮月であったが、鉄斎には熱心に指南していたので、周りにいる者は不思議がって、蓮月に尋ねた。

「尼は人嫌いなんだと思っていましたが、鉄斎をかわいがるのはなぜでしょうか」

蓮月は、はたと考えた。たしかに人はわずらわしい。今までもそう思い、人から逃げるうち、蓮月留守、などと呼ばれるようになった。居留守をつかうこともしばしば。（しかし……）、和歌をはじめ、学問の話をしているときは、人について、忘れているのだった。そして今、鉄斎がわずらわしさを忘れさせてくれる。

いっぽう鉄斎は、茶器を造る尼のため頬を真っ赤にして、からだいっぱいに土を運んだ。生まれつき耳の遠い鉄斎に、蓮月は繰り返し、優しく教えた。光古や仙之助に学んだ頃を思い出していた。

鉄斎は出来のよい青年になった。鉄斎は私塾を開き、さらに文人画家としても活躍した。蓮月は男性への文は鉄斎に代筆させていたという。

戊辰《ぼしん》のはじめ事ありしをり

討つひとも討たるる人もこころせよおなじ御国《みくに》の御民《みたみ》ならずや

戊辰戦争（慶応四年～明治二年）について詠んだ歌である。我が子のように労わっていた鉄斎には、とりわけ学人を極めるよう、政治に深入りしないよう忠告したこともある。

終《つい》の住処《すみか》

屋越屋と呼ばれた蓮月も、七十五歳になり、西加茂《にしがも》にある真言宗の神光院《じんこういん》の中に庵を結んで隠棲《いんせい》した。慶応元年のことであった。

七十歳を過ぎても見目麗しく、五十歳ほどに見えたという。晩年も、焼き物にいそしみ、和歌を詠んだ。明治三年、蓮月八十歳のおり、これまでの詠歌をあつめた家集『海人《あま》の刈藻《かるも》』が出版された。

冬夢

うづみ火に寒さわすれて寝たる夜はすみれつむ野ぞ夢に見えける

灰の中に埋めた炭火で　寒さを忘れて温かく寝た夜は　野に菫を摘む夢さえ見るものよ

帰雁

かりのよを思ひつらねてながむればあまのはらはらちるなみだ哉

連なり飛ぶ雁《かり》のさま　思い連ねる仮《かり》の世のさま　天の原《はら》から涙が落ちる　この尼の眼からも、はらはらと

春のころやまひして、ここちしぬべうおもほえければ

我かどの花のさかりをかぎりにてともにちりなばうれしからまし

春の頃、病の床に臥した　このまま死んでしまいそうだと思った　わたしの庵の花はいまが盛り　わたしの命もこれきりと　ともに散れたら　これいじょう嬉しいことはない

辞世

ねがわくばのちの蓮の花のうへにくもらぬ月をみるよしもがな

もし叶うことなら、後世は　蓮の花の中に生まれ変わって　曇りない月を　この眼でみてみたい

明治八年、蓮月は八十五歳で入寂した。亡骸《なきがら》は、生前、彼女じしんが用意した白木綿の風呂敷に包まれた。開かれた風呂敷には、鉄斎の描いた月と蓮があった。果たして辞世の歌は、そこに美しく書き施されていた。

鉄斎は、そうとは知らなかった。たしか十数年まえ、蓮月の請いにしたがって描いただけであった。

蓮月尼の墓は西加茂、小谷墓地にある。

ブックガイド　蓮月尼（一七九一～一八七五）。江戸後期の浄土宗の尼僧。京都の生まれ。歌集に一八七〇年刊『海人の刈藻』があります。村上素道編『増補 蓮月尼全集』（思文閣出版、一九八〇）があり、その生涯や和歌、消息などが紹介されています。このほか評伝に杉本秀太郎『大田垣蓮月』（淡交社、一九七五）があります。本篇は上記の文献に基づいて創作しました。

コラム
数珠とお香をたのしむ

こんにちショッピングモールを覗くと、ほぼかならず天然石を扱ったお店があり、また雑貨屋さんの多くにはアロマオイルやアロマキャンドルなどとともにお香が並べられています。数珠に使われる石にも天然石が使われたものが多くあり、ブレスレット風の数珠であるとか、うつくしいデザインの瀟洒《しょうしゃ》な香炉など、ファッション感覚で楽しめるものも少なくありません。

数珠あるいは念珠は、念仏を唱えるさいに手にかけて使うものですが、ほんらいは念仏や陀羅尼《だらに》を唱えた回数をかぞえるために用いられていました。

室町時代の説話集『因縁抄《いんねんしょう》』は次のように記しています。

> それ、念珠とは、珠の数を連ぬるなり。珠とは、われらが心性《しんしょう》の珠なり。数とはわれらが煩悩の数なり。ゆえに珠は研ぬれば光顕す。人は煩悩を研きぬればたちまちに成仏する。
>
> （『因縁抄』古典文庫、一九八八）

念珠とは珠の連なりであり、その珠は人がほんらい持っている清らかな真心をあらわしている。珠の数はひとびとの煩悩の数をあらわしている。そのため珠はみがけば光りをあらわす。つまり人は煩悩をみがけば輪廻を断ち切って成仏できるのだ、と。

「玉磨かざれば光なし」との言葉がありますが、数珠も、つねに煩悩を自覚し、研鑽することを忘れないようにするための仏具であるということです。

数珠というと水晶がよく知られており、水晶のなかに金色の針の入ったルチルクオーツや、ローズクオーツも別名を紅水晶、アメジストも紫水晶といって水晶の仲間です。メノウや虎目石《とらめいし》、ラピスラズリやオニキスといった天然石も数珠ブレスレットとして人気です。

色の組み合わせも楽しめます。親玉といって、数珠の中心になる玉と、全体の基調となる玉（主玉と呼びます）とのコントラストを考えるのも面白味のひとつで、たとえばアメジストとクリアな水晶、ホワイトオニキスとラピスラズリなど、楽しみ方は多彩です。珠の種類の組み合わせや親玉に梵字を彫るなどオーダーメイドに対応してくれるお店も少なくありません。近年ではネットでオーダーできる店も多数あります。

ちなみにわたしは、ローズクオーツとメノウ、孔雀石やブルークオーツの数珠ブレスレットを愛用しています。石によっては柔らかく、水に弱いものもあるのですが、お風呂や炊事のおりにも取り外さずつけています。

またお香もこんにち大変ポピュラーなものです。香華《こうげ》という言葉がありますが、香と花は仏の供養として捧げるもので、のちに死者の供養にも用いられるようになりました。知られているように、仏教的な儀式にもよく使われています。

本書の第五章でもとりあげた江戸後期の歌僧大田垣蓮月《おおたがきれんげつ》に、香と信心をめぐるうつくしい歌があります。

香炉《こうろ》のかた

たてまつる香《こう》のけぶりの一すぢにをはりみだれぬ心ともがな

仏に捧げる香のけむりは、燃え尽きるまでただひとすじに天にむかってゆく。わたしもそのようにありたいものだ、と。

香は仏具としてかかせないものですが、蓮月尼の歌では、立ちのぼるけむりのありさまを死ぬまで乱れない求道心にたとえています。

平安時代、比叡山の僧であった源信が編んだ『往生要集』によれば、極楽では何でも意のままになる香りが立ち込めていると書かれています。そこでは塗香《ずこう》や抹香など、多数の香りが満ちており、それを吸い込むと煩悩も起らず、みな仏の修行を修めることができるといいます。

さらに同書では『華厳経《けごんきょう》』「入法界品《にゅうほっかいぼん》」を引用して、菩提心《ぼだいしん》の花という言葉が紹介されています。菩提心とは、ひとを悟りの世界へみちびき、みずからも仏となろうとするこころのことをいいます。

花で薫じられた衣からは四方によい香りが漂う。そのように、菩提心の花は、功徳《くどく》の芳香を広く散らし、とおく仏のもとまで香ってゆくと記されています。ひとをみちびこうとするこころを花に喩え、よい香りが四方に満ちるように、その善行のありさまは、とおく仏のもとまで届くということなのでしょう。

良い香りを嗅ぐだけで、こころが落ち着いて満ち足りた気分になったり、気持ちを研ぎ澄ませたりする効果がありますが、そうした個人のたのしみだけではなく、香りは空間を広がってゆくものですから、他者へのよい影響の比喩にも用いられてきました。「薫染《くんせん》」という言葉がありますが、これも香りが沁み込んでいくように、よいかたちで人を感化するという意味で使われます。

香にはそのまま身体につける香油や香水、粉末状の塗香と、焚いて用いる薫香や焼香がありま す。伽羅《きゃら》や沈香《じんこう》、白檀《びゃくだん》といった古くから高価で取引されてきた香木《こうぼく》をはじめ、木材を原材料とする竜脳《りゅうのう》、薫陸《くんろく》、カレーのスパイスとしておなじみの丁子《ちょうじ》（クローブ）などじつにさまざまな天然由来の香料が線香や練香、抹香に加工されています。

スティックタイプやコーンタイプなど幅広い種類のものが売られており、手軽に使うことができます。けむりが気になる方には、けむりの少ないタイプのお香もあり、火を点《とも》すと経文が浮き出てくる趣向を凝らした香などもあります。

香だけではなく、香を据える香炉やそこに敷く香炉灰にも、選ぶ楽しさがあります。香炉灰のかわりに天然石のさざれ石を入れても綺麗に仕上がります。

香りのある精油は身体に塗ることができますし、ロールオンタイプのものも売られていますので、外出先でも気軽につけることができます。塗香というとなじみが薄いかもしれませんが、これは粉末状のもので、居住まいを正したいときや経文を唱えるとき、気分転換をしたいときなど手許や小物になじませるとよいでしょう。お香の煙が苦手という方も、塗香は火を使いませんから使いやすいのではないでしょうか。塗香を入れて持ち運ぶ塗香入れも、注文に応じて仏の種字《しゅじ》（梵字）を入れてくれるお店もありますので、いろいろと自分好みにこだわることもできます。

アロマキャンドルやいわゆる西洋の香水はわたしも好きでよく使いますが、さきほど「香華」という言葉があると書いたとおり、お香は仏への手向けや祈りとして捧げるものでもあります。筆者のばあい、好んで飾っている絵像の観音菩薩に手向けたり、故人を偲ぶときなど、人に気持ちを捧げるときにお香を用います。故人といっても自分の親類縁者ばかりではなく、自分の心に残る過去の作家・宗教家のことなどを思い、香を手向けることもしばしばです。

問わず語りを胸に秘めながら、祈りをささげる気持ちでお香を焚いてみてはいかがでしょうか。そのついでに自分をリラックスさせる効果もあるのですから。

お香と香炉

第六章
『平家物語』祇王《ぎおう》——もう評価なんていらない

祇王は、うやうやしく手をついたまま眼を伏せた。屋敷へ着くと、それまで通されていた座敷よりはるかに下座《しもざ》の、身分もないような者が通されるようなところにムシロが敷かれていた。とおくに清盛と女人のすがたが見える。かつて、わたしもあのように座していた。安堵しきっていた。親子ほど歳の離れた清盛《きよもり》というひとに……。

今日はここで舞いを舞えという。それでも命令に応じたのは、なにより相手の清盛が、天下の太政入道《だいじょうにゅうどう》だったから。

かぶりをあげた祇王の眼前には、もはや清盛も、殿上人《てんじょうびと》もなかった。ひとさしひとさし舞うあいまにも、いまの気持ちが込められる。謡う言葉も、しぜん無常観をともなった。

右は、中世の仏教文学『平家物語』の巻一に登場する祇王という女性をめぐる逸話の一部である。

『平家物語』といえば、世の無常を語る冒頭が有名だが、それに続いて語られるのは、盛者必衰《じょうしゃひっすい》の代名詞としてあげられる平清盛（一一一八・元永元年〜一一八一・治承五年）の悪行と、その周辺のエピソードである。

祇王は当時、白拍子《しらびょうし》という歌舞《かぶ》の名手であったが、清盛の寵愛を一瞬で失い、不遇をあじわってからは世の無常を知るに至る。

彼女はのちに祇王尊尼とよばれて多くの女人の尊崇《そんすう》を得た。なかでも技芸に生きる女人からの信望は篤《あつ》い。第一章であつかった高岡智照尼が庵主となった京都嵯峨の祇王寺（真言宗）は、この祇王尼をまつった寺である。

また祇王尼の故郷とされる滋賀県野洲《やすし》市にも祇王をまつった妓王寺《ぎおうじ》（浄土宗）がある。こちらでは「妓王」と表記している。

つぎに『平家物語』から祇王が仏門に至るまでのエピソードを紹介する。読みやすさをかんがえて、原文に筆者の潤色を加えた。

わたしは二十過ぎ　あなたは五十過ぎ

平清盛は五十一歳で出家したが、出家はしていても天下の権利を掌握し、国を動かし続けた。

そのころ、都でよく知られた白拍子の名手に、祇王、祇女《ぎにょ》という姉妹がいた。清盛は、姉の祇王のほうをたいそう気に入っていた。祇王はものわかりがよく、美しかった。しかもまだ若い。二十歳そこそこといったところ。もちろん清盛には時子という、れっきとした妻があった。

祇王と祇女は清盛のもとで暮らし、祇王の母には広大な屋敷を与え、毎月米百石《ひゃっこく》、銭百貫《ひゃっかん》を贈り届けていた。祇王の身辺は家中豊かに富み栄え、楽しいこと、このうえなかった。

ところが三年の月日が経ったころ。都にもうひとり、名の知られた白拍子があらわれた。加賀の国（石川県の一部）の者だった。名は仏《ほとけ》、歳は十六という。

仏は言った。

「私はだいぶ都で有名になりましたが、どうやら平家太政の入道殿は私のことをご存知ないようです。こちらからおうかがいしてみましょうか」

仏の一行は、清盛の別宅である西八条に訪れた。これを知った清盛は、すぐにはねつけた。

「こちらには祇王がいる。祇王があるかぎり、神だろうが仏だろうがこちらが呼んでもいないのに参上することは許さん」

祇王は、かたわらでこれを聞いていた。

「聞けば仏御前というお方《かた》は歳もまだ幼いそうで、たまたま思い立って参上したのでしょう……わたしも、そのようにして入道どのにお目にかかれたのでございます」

ひと呼吸して、眼を落した。

「わたしは、けっして仏御前を人の身の上として見過ごすわけにはまいりません……ご対面なさるだけでもなさったらいかがでございましょう。きっと仏御前にとっては、生涯忘れられないお情けとなるのではないでしょうか」

伏し目をあげて清盛を見た。祇王のやさしさに清盛は眼を細めた。

「そうかそうか。そんなにおまえがいうなら会ってから帰そう」

清盛はすでに門を出ようとしている仏を呼び戻し、今様《いまよう》（平安時代の歌謡の一種）や舞を舞わせた。

情愛から無常へ

仏の芸は、予想を上回ってはるかに出来がよかった。芸が終わるころには、清盛はすっかり彼女の虜になってしまった。このままずっとここにいろ、とさえ言う。仏は慌てた。

「これはどういうことでございましょうか。もとより私は身勝手におうかがいしたまでのこと。召し置かれるようなこととなっては、祇王御前のおはからいに対して恥ずかしい思いがいたします。早々にお暇をいただき、ここからお出しくださいませ」

清盛は、

「祇王がいるのを遠慮しているのか。ならば祇王こそ追い出せばよい」

と言い出して聞かない。驚いたのはだれよりも祇王だった。人をうたがうということも知らなかった。親子ほど歳の離れた清盛を信頼しきっていた……。

とはいえ、しょせんは男女であるからそのなりゆきについては覚悟していたつもりではあった。が、さすがに昨日今日のこととなるとは思いも寄らなかった。

急いで屋敷を出ろと入道がしきりに言ってくるので、祇王は茫然自失となりながらも、とりあえず部屋の掃除をし、塵を拾わせ見苦しいものなどを片付けはじめた。

いよいよ屋敷を去るとき、祇王は振り返って思い出が残る部屋の襖《ふすま》に歌を書きつけた。

萌え出《い》づるも枯るるも同じ野辺《のべ》の草
いづれか秋にあはではつべき

春になって草木が芽吹くように、あらたなものが愛でられる　仏御前がそうであるように。

いっぽうで、おなじ野辺では　季節が絶えて枯れてゆく、離れてゆくものがある　わたしのように。どの草も秋になって果てるように　飽きられないで終わる草がありましょうか

泣いてもどうしようもないのだが、なみだが祇王の頬をつたう。

こうして祇王は屋敷を後にした。

別れても理不尽なひと

屋敷を追われた祇王は、失意に満ちた日々を送っていた。

そのうち毎月送られていた米百石、銭百貫も今は止められ、こんどは仏に縁ある者たちが楽し

奈良絵本『妓王』挿絵
（京都大学附属図書館蔵）

み栄えることとなった。祇王はそれを、よそながら聞いていた。清盛の屋敷を出た祇王とて、ほうぼうからお呼びがかかっていた。都じゅう身分の貴賤を問わず、

「祇王が入道どののお屋敷から出たそうだ。ならば会って遊ぼう」

と、祇王に手紙や使いを寄こす者も多くあった。しかし祇王は、いまさら人と対面して遊び興じる気になれない。手紙や使いにもいっさい応じなかった。

こうして次の春がきた。

だれかの使者がなにか言っている……祇王がぼんやりと聞いていると、それは清盛からの使者だった。

「祇王はその後、どうしているか。仏があまりに退屈そうにみえるので、こちらへまいって今様でも歌い、舞など舞って、仏を慰めてやれ」

という伝言だった。祇王は、もはや返事もしなかった。するとまた使者がやってきた。

「どうして祇王は返事をしないのか。まいるまじと思うてか。それならば訳を言え。このことについては自分にも考えがある」

と言ってきたのだった。祇王の母親は、おろおろするばかりである。

「のうのう、祇王や。どのようにでもお返事なさいよ。お叱りを受けるよりは、マシであろうよ」

祇王は重い口をひらいた。

「参上しようと思えば、すぐに参上すると申しましょう。でも私には参上しようという気持ちが

これっぽっちもないのです。なので、なんとお返事したらよいか……」

「そうは言っても、この国に住んでいるあいだは入道どのの仰せにそむくことはできまいて。それに、男女の仲というのは今の人生にはじまったことではなく、前世からの繋がりだというじゃないか。永遠に別れるつもりはないと思っていても、すぐに離れる縁もある。反対に、ちょっとのあいだの仲だと思っていても、死ぬまでながく過ごすこともあるんだよ」

母親は祇王の顔をちらちら見遣《みや》りながら、

「おまえさんはこの三年、ずっと清盛どのに想われ、尽くされてきたのだから、それを考えてみれば、これまでのことはありがたいご温情だったと思えばいいじゃないか」

と語る。祇王は思っていた――なるほど、世間から見たら、わたしは時の権力者にいっとき尽くされていただけの女人に見えたのかもしれない。けれど心配事があれば家族とおなじくこころを削って心配もした。なのに……男女の仲とは、いったいなんなのか……。

母親はさらに哀れっぽい口調で続けた。

「都から追放になっても、おまえさんたちは若いから、どんな岩や木のあいだでもたやすく過ごせるだろうケド」

祇王のかたわらにいる祇女を見ると、彼女も顔色を変えずに話を聞いている。

「でもねぇ。この年老いた母には慣れない田舎暮らしはとうてい、ムリだよ。どうか、あたしを都の中で死なせておくれ。それこそがこの世、そして来世までの親孝行だよ」

とかきくどいた。そんな話をされると、母親思いの祇王は清盛の命令にしたがわざるをえない。

母親をのぞく祇王と祇女らは、しぶしぶ西八条の屋敷へ参上した。屋敷へ着くと、いぜん招かれていた場所には入れず、ずっと遠くに引き下がったところにただ敷物がしつらえてあるだけだった。とおくに清盛と仏がみえる。

仏は清盛に懇願した。

「あのような場所に祇王さまをお呼びするとはどうしたことですか。祇王さまをここへお召しください。そうでなければ私におヒマをください。私が出て行って祇王さまをおもてなしいたしましょう」

「そんなことはするな」

と清盛に押し留められて、その場を去ることもできない。まわりにいる平家一門、殿上人も、はらはらするやら、いたたまれないやら眼を逸《そ》らしている。

そんななか清盛は呑気《のんき》な声で尋ねた。

「祇王、どうしていた。仏があまりにも退屈そうに見えるので、今様でもひとつ歌ってやってくれ」

参上したからには清盛の仰せにそむくまいと思っていた。祇王は落胆の涙を隠しながらうつむいた（冒頭の場面はこのこと）。

やがて端正な舞姿《まいすがた》をみせてゆく。翳りさえ美しさに変わった。歌を詠む。

仏も昔は凡夫《ぼんぷ》なり　我等《われら》も終《つい》には仏なり　いづれも仏性《ぶっしょう》具《ぐ》せる身を　へだつるのみこそかな

しけれ

仏も昔は、ただのひとでありました　仏御前もむかしは、ただの白拍子でした　わたしたちも、さいごは仏となれる身です　生きとし生けるもの、みな仏となれる素質、仏性《ぶっしょう》を持っております　それなのに、このように人と仏でへだてられることは　かなしいことですね　いまのわたしのように

その場にいた殿上人、公卿《くぎょう》は、ほう、とため息をついた。この今様は平安後期の歌謡集『梁塵秘抄《りょうじんひしょう》』にみられる、次の歌を当意即妙に改作したものだった。

仏も昔は人なりき　われらも終には仏なり　三身《さんしん》仏性具せる身と　知らざりけるこそあはれなれ

仏も昔は人であった。われらもさいごには仏となる。すべてのものは仏となれる可能性を秘めているのに　みんなそれを知らない　かなしいことですね

（これで義理は果たした）、祇王はそう思って退座しようとした。ところが清盛は、「祇王や、今後はわざわざ呼ばなくとも、屋敷へやってきて仏のひまを慰めるように」と命じたのだった。祇王は、声も出さず屋敷をあとにした。

祇王は帰宅すると、母親、妹に毅然として言い放った。

「親の気持ちにそむくまいと思って辛いところを屋敷におもむき、またしても辛い思いをして帰ってまいりました。この世にあるかぎり、こうした辛い目にあうのでしょう。わたしは身投げしようと思います」

祇女は驚いて言った。

「お姉さまが身を投げるなら、わたしも、ともに身を投げます」

母親は事の顚末を知って、首を横に振り振り、ため息をついた。

「まったく、おまえが恨むのも当然だよ……そんなことがあるとも知らずに、おまえを行かせてしまったことがほんとうに辛い。おまえが身を投げるといえば、そりゃ妹も身を投げるというだろうよ……ふたりのむすめに死に遅れたこの年寄りが生きていたって、何になろうか。それならばわたしもともに身を投げたい……けれどね、死に時《しどき》でもない親に身を投げさせて死なせるというのは、仏の教えに背く五逆罪《ごぎゃくざい》というのにあたると聞いたことがある。はてさて――」

母親はしばらく思案した。

人生の転機は死への願い

沈黙ののち、母親は口をひらいた。

「のう、わがむすめたちや……この世は仮の宿のようなものだ。どんなに恥ずかしいことだって、それならばどうだというのだ、そう思わんかい。もっと大変なのは死んだあと、ただただながく闇の世界をさまようことなんじゃないかのう。この世ではともかくも、死んだのちまでおまえたちが、悪事をおこなった者が堕ちる悪道《あくどう》というところへゆかねばならないさだめのほうが、この老いぼれには悲しいことなんだよ」

祇王は涙をおさえた。清盛の屋敷を出たときは腹が立つやら、悲しいやらまわりの者のことまで考え及ばなかった。しかし今は落ち着いた。

「たしかに、それならばわたしが五逆罪に当たることは疑いないでしょう……わかりました。自害は思い留まります。でも都に居るうちは、また辛い目に遭うかもしれません。もう、ここは出ましょう」

こうして祇王は都での暮らしも、俗世間で生きることも捨てた。

祇王、二十一歳。極楽往生を願って生きることを決心し、尼になった。もちろん姉思いの祇女も出家して十九歳で尼姿となった。母親は、

「若いむすめたちでさえ髪を剃って尼になるこの世の中に、老いぼれが白髪の髪をつけて生きていたところで、しょうもない」

と四十五歳で出家した。

三人は嵯峨《さが》の奥の山里に粗末な庵を結んだ。自分たちの命が尽きたおりには極楽浄土へゆけるようそなえて、念仏修行に励んだ。

往生する女人たち

山の庵の暮らしは静かなものだった。山里の澄んだ空気のなかで、夕日はひときわ神々しくみえる。日が沈んでゆくところに西方浄土がある、という話も聞く。夕日のうつくしさは、念仏を唱えて往生を願う身にとっては頼もしくもあった。

とはいえ過ぎ去った時の中の辛かったことが、ふと胸に去来する。なにごとも思わずに念仏を唱えたい、と願いながらも尽きないのは涙ばかりであった。

とある夜のこと。竹の編戸《あみど》を閉じ、灯《ともしび》をかすかに灯しながら親子三人で念仏を唱えていると、竹の編戸を、ほとほとと叩く者がある。三人は肝を冷やした。

「いったい、こんなもの寂しいところへくるのは誰でしょう、昼でさえ訪れる人もいない山里の粗末な庵に、しかもこんな夜中……」

祇王は気丈なようすで編戸に近づきつつ、ふたりにそっと告げた。

「竹の編戸は粗末なもの、こちらが開けなくとも押し破ることは簡単です。ならば、こちらから開けましょう。もし相手が情け知らずで、わたしたちの命を取るということがあれば、そこは念仏を唱えるものは、みなお救いになるという阿弥陀さまのお誓いを頼りましょう。仏さまがたは念仏の声を尋ねていらっしゃるということです。さあ、よろしいか。念仏おこたりなさるなよ」

祇王は、ずば、と竹の編戸を開けた。ところが立っていたのは仏御前であった。頭に衣をかぶっている。祇王は眼を丸くした。清盛から逃げてきたのだろうか。

「これはなんと。夢かしら、現実かしら」

仏は泣きながら、か細い声で語った。

「いまさらのようではございますが、申さなければ恩知らずのように聞こえますので、はじめからわたしの気持ちをお話しさせてください。わたしは祇王御前のおとりつぎによって入道殿に呼ばれただけですのに、そのまま屋敷に押し留められたこと、わたしにとっては大変辛いものでございました」

戸口のようすを見て、祇女や母親もおそるおそるやってきて驚いた。仏は涙でしゃくりあげながら話を続ける。

「祇王さまが残していった襖の歌を見るにつけ、私も『いづれか秋にあはではつべき』身であることが思われて、いまの栄華は夢のなかの夢のようなもの、はやく見切りをつけて来世を願いたく、ここまでやってきたのです」

かぶっていた衣をみずからおろす。と、すでに髪を切って尼姿となっていた。祇王は仏のこころざしに深くこころを打たれた。

というのも祇王は出家してからも、ときおり仏御前のことが恨めしく、修行の妨げになることもあったのだった。

祇王はさっぱりとした口調で言った。

「これでわたしも修行に専念できます。あなたはわたしの仏道に入るきっかけとなる善知識《ぜんちしき》だったのですね。感謝します」

それからは仏御前もまじえて、四人で仏道修行に励み、それぞれ極楽往生を遂げたという。

談義説法《だんぎせっぽう》の場での祇王

『平家物語』のなかの祇王の物語はこれで終わる。出家を思い立つことを発心《ほっしん》というが、『平家物語』として伝わるいくつかの系統の本（諸本）のなかでは、祇王の発心は清盛のこころ変わりの呆気《あっけ》なさから生じた、ひとの世の憂いからであったことに対し、仏のほうは、清盛に可愛がられ、身の栄華の頂点にありながら、現世への諦観《ていかん》に目覚めたため、仏の発心のありようはたぐいまれであると賞賛しているものもある。

深き恨みの心の闇は、しばしの迷ひなりけれど、この思ひをしもしるべにて、真《まこと》の道に入《い》るといふこそ、生死《しょうじ》、涅槃《ねはん》ところ同じく、煩悩、菩提一つなりけることわり、たがはざりとおぼゆれ。

深い恨みを含んだこころの闇は、しばらく迷いにとらわれるが、その思いをしるべとして、仏の道へと入ってゆく。このことこそ、生死を繰り返す迷いの世界と涅槃の世界が、でどころを同じくするもの、煩悩と菩提のでどころはひとつであるという仏の教えと少しも違うことがないと思われる――鎌倉中期の説話集『十訓抄《じっきんしょう》』に書かれた言葉である。

まさに、その一途さで煩悩から厭世観《えんせいかん》をみちびき、蓮華の花をひらかせた彼女たちだった。

ところで一七四三（寛保三）年に刊行された『勧化短綆鈔《かんげたんこうしょう》』という書物に祇王の逸話が載っている。本書のような書物を勧化本といい、大衆にむけて仏教説話や経典を引用しながら談義説法をおこなうための種本《たねぼん》を刊行したものである。江戸中期頃には、この種の本が多く刊行された。『勧化短綆鈔』巻之三「第十五荘厳無諸難功徳《しょうごんむしょなんくどく》」では、極楽浄土には身に苦しみがなく、こころは悩みから解放されているが、それにたいして娑婆世界は有為転変であることを説く。とくに権力者に寵愛されて栄華を極めても捨てられることがあり、それによって人を恨んだり、さらには我が身を恨むことになるのだ、とする。そこで具体例に挙げられるのが、中国の上陽夫人《しょうようぶにん》（楊貴妃に玄宗皇帝の寵愛を奪われた唐代の女性）、そしてわが国での祇王祇女で、阿弥陀仏は、そのように人を恨み、我が身を恨んで苦に苦を重ねる我らを不憫と思って、衰えることも変わることもない安楽の地、極楽浄土を建立なされたのだ、と説いている。

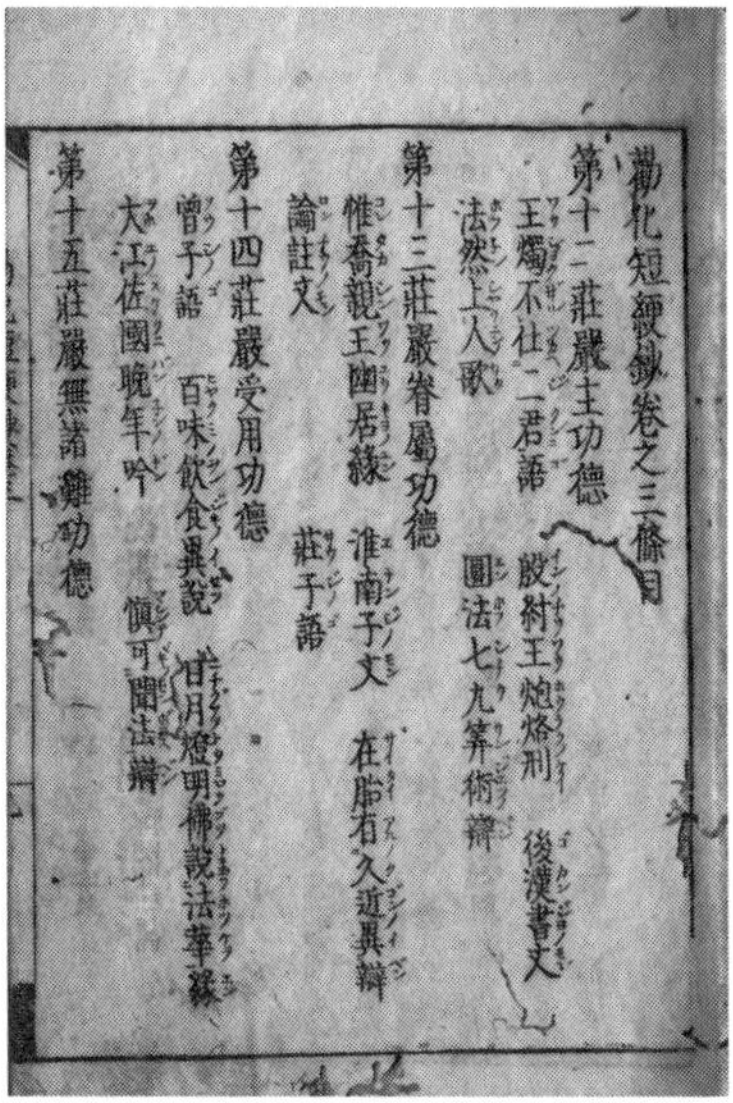
勧化短綆鈔巻之三條目
第十一莊嚴王功德
王獨不仕二君語　殷紂王炮烙刑　後漢書文
法然上人歌　圖法七九算術辯
第十二莊嚴眷屬功德
惟喬親王幽居縁　淮南子文　在胎右入近異辯
論註文　莊子語
第十四莊嚴受用功德
曽子語　百味飲食異説　日月燈明佛説法華縁
大江佐國晩年吟　慎可聞法辯
第十五莊嚴無諸難功德

寛保三年刊『勧化短綆鈔』（筆者蔵）

　もともと祇王の物語が収録されている『平家物語』じたい、仏教的でありながら娯楽的な語り芸として成立した作品である。祇王の逸話は、本書に見られるように江戸時代に入っても、ひきつづき人々に広く知られ、また教訓を説くための題材として用いられ続けた。

明治時代に入っても、祇王の話は教訓として語り継がれた。仏教学者の加藤咄堂《かとうとつどう》の著作で一九〇四（明治三十七）年に刊行された『死生観《しせいかん》』なる本がある。書名のとおり、そこでは歴史上の偉人の死生観にまつわる名言が紹介されている。

近代に成《な》った書らしく、釈迦をはじめとしてキリスト、法然上人《ほうねんしょうにん》、西行《さいぎょう》、孔子《こうし》、老子《ろうし》、ソクラテスなど、古今東西にわたる人物の発言を集めているが、とりわけ女性については『平家物語』から、この祇王の歌を挙げて、女性の無常観を如実《にょじつ》にあらわしているとする。本書ではさらに「無常観は情に脆《もろ》き女人を動かすこと深かりけん」と記し、情け深い女性にとって無常を考えるきっかけになるだろうとしている。

本書では、ほかにも小野小町や袈裟御前などの女性をとりあげられているが、祇王はこのように近代にいたっても人生訓の題材に挙げられるほど広く知られた人物であった。

こころづかいのひと 清盛

『平家物語』では悪役として描かれる清盛であるが、そこから離れると清盛は信心深い人物として名が知られている。

たとえば広島県にある厳島《いつくしま》神社には、清盛が願文《がんもん》をあらわした『平家納経《のうきょう》』という、このうえなく美しい装飾がほどこされている経典が奉納されている。『法華経』三十巻、『阿弥陀経』一巻、『般若心経』一巻がそれに当たる。

さきにもあげた『十訓抄』には、人前でみだりにだれかの過失を責めたりしてはいけない、と教訓するなかで、若いときの清盛は大変立派であったという逸話が紹介される。

それによると清盛は、たとえタイミングが悪く、にがにがしいことであっても、相手がたわむれとしてやったことは可笑《おか》しくなくとも笑ってやり、どんな間違いをしたとしても、物を散らかし、ひどいことをしたとしても「まったく。どうしようもないヤツだな」、などと大声で怒鳴ったりなどはしなかった人物として語られている。

さらに冬の寒いときには年端《としは》もゆかない若い侍《さむらい》たちを自分の衣の裾の下に寝かせ、早朝、彼らが朝寝《あさね》をしたければ、そっと自分の体を抜いて思うさま寝かせてやったという。

それからもう一つ。清盛は召使いのなかで、身分が大変低い者であっても彼らの身内がみているところでは、一人前の人間として扱ってやったので、彼らはそれを大変な名誉と思い、こころに沁みるような喜びを感じていたという。

こうした清盛のこころづかいによって、ありとあらゆる者は清盛を信望したという。「人の心を感ぜしむとはこれなり」、人のこころを感動させるということは、こういうことである、と『十訓抄』編者は評言している。

『平家物語』が書かれたのは源氏の時代、一方で『十訓抄』の頃は平氏を懐古する時代にあったといわれているが、おなじ清盛でもその人となりが対照的に描かれているのは、大変面白い。

清盛のこころづかいをつたえる逸話は、まだある。はじめにあげた妓王寺には「妓王」、「妓女」、「母刀自《はは と じ》」、「仏」の四体の木像が安置されており、江戸時代中期の『妓王寺略縁起』では祇王たちの出自も詳しくつたえられている。その『妓王寺略縁起』によれば、祇王・祇女が故郷の水不足の苦労を嘆いたところ、清盛がそれを聞き入れ、承安三年に水路の開削工事をおこなったことが記されている。ここにも清盛のこころづかいの足跡を読み取ることができる。

ちなみに京都嵯峨にある祇王寺では「祇王」、「祇女」、「母の刀自」、「仏御前」のほかに「平清盛」の木像も、ともに安置されている。

第七章

ある老尼の物語

——地蔵菩薩《じぞうぼさつ》に出遇《であ》う朝

旅の老僧

日が暮れかかった頃、老尼が庵を出て山道を下っていると、これから山を登ろうとする旅の僧とすれ違った。この山を登ってみても、隣町に出るわけでなし、まして人家があるわけでもない。尼はふしぎに思って僧に行く先を訊ねた。

僧は静かに振り返った。

「ただ、歩いているだけでございます」

笠をあげてにっこりと笑う老僧に、思わず尼の顔もほころんだ。

「今夜は、山でお過ごしになるのですか」

僧は、生い茂る樹木から垣間見える空を見上げて言った。

「そうなるかもしれません。風が湿ってきていますから、山は越せないでしょうな」

「それは難儀なことでしょう……この先に、私が読経のために使っている庵がございます。そこへご案内いたしましょうか。私は、ふもとに住んでおりますので、晩は誰もおりません」

「そうですか。それじゃあ、お言葉に甘えて……」

その庵は山の中腹に、ひっそりと立っていた。庵だと言われなければ見過ごしてしまうような粗末な小屋で、雑木林の中に溶け込んでいた。

「おお、これはこれは、すばらしい」

僧は尼の庵に足を踏み入れて、嬉しそうな声を出した。

「もとはお堂だったのですけれど、人も入らずに荒れ果てておりましたのを、私ひとりでも入れるようにしたのです」

庵をはじめて人に見せた喜びに、尼は、はにかみながら笑顔を見せた。

「では今晩は、ここを宿りとさせてもらいます」

僧も笑って尼に頭を下げた。

一晩経って尼は僧を心配し、夜明けとともに住まいを出た。夜半、強い雨と風があたり一帯を撫でていったので、僧の身を案じたのであった。ぬかるみに足をとられないよう尼が山道を行くと、やや離れたところから庵が変わらない態《てい》で朝陽を浴びているのが見えた。

庵の傍らに、僧がにこやかに立っている。

「お坊さま、ご無事でしたか」

僧はうなずいて尼に手を合わせた。尼は安堵した。湿った枝葉のうえを用心深く歩いて庵にたどり着くと、僧の姿はなかった。

「お坊……さま……?」

小さな庵の外を何度めぐってみても、僧は見あたらなかった。庵の中へ入ると、何ともいえない、風韻に富んだ香の香りが尼を包んだ。やはり今し方まで僧がいたようである。尼が僧のこころづかいに胸を打たれていると、柱のひとつに何かが掛けられていた。見ると地蔵菩薩の絵像であった。(お坊さまが置いていったのだろうか)尼はもういちど庵の外へ駆け出して見たが、いつもと同じ、雑木林が広がっているばかりであった。

尼は、ためつすがめつ絵像の地蔵菩薩を眺めた。六道《ろくどう》の絵のなかに、地蔵菩薩が描かれた絵像であった。(こんなに立派な絵像をいただいてしまって……この庵にご本尊さまがいなかったから、掛けていってくださったのだろうか……)尼は描かれた地蔵菩薩をいたく気に入り、毎日、それを眺めながら読経することが何よりの楽しみになった。

絵像の地蔵菩薩

尼は山のふもとにある、市場の近くの里に住んでいた。尼と言っても、にぎやかな往来のなか、肩を寄せ合うようにして建てられた小屋で息子夫婦とともに暮らしていた。息子夫婦が起きるまえに庵へ行くと、思うさま読経に精を出し、日が暮れる頃に何食わぬ顔をして小屋へ戻ってくるのであった。

息子夫婦は、こうした尼の日課を疎《うと》んだ。

「年を取って後生が恐ろしいのか、仏なんぞにかぶれやがって」

「本当に。あれだけ矍鑠《かくしゃく》としているんだから、まだお迎えなんてきやしませんよ。あの世のことを考えるまえに、この世の飯の種を考えて欲しいものですねえ」

息子夫婦は大の博打《ばくち》好きで、その日の暮らしにも事欠くありさまであった。人の手伝い賃で暮らしを立てながら、余った金はすべて博打につぎ込んでいた。そして寄ると触ると、尼にもっと働くようにけしかけた。そのため尼は朝早くに家を出て、山の中で読経を行なうのであった。

それでも息子夫婦は、よく尼に物売りを言いつけた。けれども尼は小銭を稼ぎに市場へ出ると、動物を売っている者に声をかけて、まだ息のあるけものを買った。買ったものを家に持ち帰ればよいが、それらをことごとく野や川に放してしまうのであった。

「まったく。金を出して買った物を置いてくるのだから、無駄遣いにもほどがある」

尼の息子がとがめると、かえって尼は息子をなだめた。

「置いてくるのではないよ。放生《ほうじょう》といってね、買った生き物は食べるだけではなくて、たまにはそれを放してあげることも必要なんだよ。生き物を食べ物としてみるだけではなくて、ほんらいの生き物として見ることを自分に言い聞かせるきっかけになるんだよ」

息子の妻が笑いながら言った。

「でもねえ。そんなことをして、なんのご利益があるんですか？　ご利益があるかないか、わからないことをしても無駄じゃないですか。そうでなくても、お義母さんは生活の足しになることを、なにひとつしてくれていないんだから」

「そうだ、そうだ。年寄りの深情けにもほどがある」

息子は吐き捨てるように言うと、舌打ちをした。

消えた絵像

ある日、尼が山寺へ行くと、忽然《こつぜん》と地蔵菩薩の絵像が失せていた。青い顔をして帰ってきた尼に、息子夫婦は訳を訊ねた。

息子は笑いながら言った。

「絵像？　そんなものを持っていたのかい？　大方、誰かに盗られでもしたんだろう。まさか狐や狸が持っていくはずもないだろうからな。まあ、諦めるんだな。無くなっちまったなら、ちょうどいいじゃないか、もう経なんか読む必要もないだろう」

それからというもの、尼は市の中を覗いては見覚えのある絵像が売られていないか、たしかめるようになった。

その日も尼は市で絵像を探して帰ってきた。家の戸口に手を差し入れると、

「ところで、あれ、いくらになったんだ」

息子の声が聞こえてきた。尼は思わず耳をそばだてた。

「いくらにもなりませんよ。それより、あの紬《つむぎ》のほうがお金になりそうですよ」

息子の妻は、声を低めて言った。

「でも、あれはこのあいだも婆さんに催促したけど、形見にしたいからまだやれないとか。まっ

たく、頑固だよ」

「あんな紬が形見ですか？　呆れた」

尼は、ハッとして地蔵の絵像のことが頭をかすめた。紬のことは、前々から息子夫婦が売りたがっていることはわかっていたが、いずれ自分が死んだら自然と残すことになるのだから、と考えていた。

それより、絵像であった。（まさか……いえ、疑うまい）尼は、それからもひたすら市の中を歩いた。やがて、絵像を探しながら、絵像を失くしたことを忘れるために歩くようになった。

歩き疲れて、ふと往来の脇にある、人家に眼を留めた。籬《まがき》の合間には花が咲いていた。

（綺麗な花……極楽というところは、大変綺麗なところと聞いているけれど、たくさんの花々で、埋めつくされているのだろうか）すると、深い厭世観《えんせいかん》をもよおした。（これもこの世では一時の命……極楽の花は、枯れることがないのだから）尼は美しい花の風情に、かえって気落ちするようであった。いつのまにか移ろいゆくものには興味が失せていた。

尼は、ふたたび歩き出した。歩きながら、なんのためにこれほど躍起《やっき》になって歩いているのだろうか、と自分に問うていた。けれど歩くのをやめることはできなかった。

よく晴れた日のおり、市の中で身体の大きな猟師とすれ違った。尼はふと猟師の背負った籠の中から、狸の鳴くような声を聞いた気がした。（声がする……まだ生きている）ここのところ、すっかり放生を行なっていないことを思い出した。

「頼みます、頼みます、猟師さん」

「何か用かい？」

「その籠の中の物を、私に売ってくださいませんか」

「だめだ。これは売る相手が決まっているんでね。ほかを当たってくれ」

「まだ、生きているのではないかと思いますが……」

「だからいいんだよ。高く売れるんだ。婆さん、しつこいな」

「私は、見てのとおりの尼でございますが、今日、あなたさまにお会いするのも、何かのご縁と思いまして……もし、よろしければ、猟師さんの、せっかくの獲物ではございますが、この生き物の命を、今日は、どうか、これまでのけものたちの供養も含めて、仏さまのもとで放してあげてはもらえませんでしょうか。私は、ささやかながら放生を行なおうと思っている尼でございます」

「婆さん、そんなことを言って、値切って自分のものにしようって魂胆だろう」

猟師は尼に陰険な眼を向けた。尼は柔和な笑顔で応えた。

「滅相もない。本当でございます。もしよろしければご一緒になさいませんか。今日は一緒に、お念仏を唱えて……」

猟師は、のんびりとした尼の物言いに呆れながらも、闊達《かったつ》とした佇まいに少しずつこころを開いたようであった。

「そうかい、婆さん。じゃあ今獲ったものは婆さんにやるよ。たまにはそういう時もあっていいか」

「ありがとう、猟師さん」

猟師は背負っていた籠を、尼の背に背負わせた。尼は顔をほころばせて言った。

「ずいぶんと重いのですね」

「自慢じゃないが、俺の腕はいいんだ。今日は大きな狸を無傷で捕まえたんだよ」

「お兄さん、働き者ねえ」

猟師は笑いながら、

「本当は金を取りたいところだが、それなら意味がないだろう。よく拝んでおいてくれ」

と言って、市の人波のなかにまぎれていった。尼は喜び、道端に落ちている野菜くずを拾いながら山中の自分の庵まで辿り着いた。

庵のまえにくると背負っていた籠をおいて、中の狸を出してやった。狸は一目散に庵のまえの森の中へ消えていった。尼は、狸のしっぽが見えなくなったほうに野菜くずを投げてやった。

（怖がるのも無理はない……さっきまで、同じにんげんに捕えられていたのだから……）

尼は狸が消えたあたりをぼんやりと眺めていた。（疑ってはいけない……疑えば、疑われたほうも、必ず邪見に陥る……穏やかになれるこころも、邪に満ちてしまう。悲しいことよ）

風に吹かれて、籠が、かさりと音が鳴った。中を見ると地蔵の絵像が入っていた。尼は腰を抜かさんばかりに驚いた。絵像を手にとっては、何度も拝んだ。帰ってから、家族にはもちろん、周囲の者にも話して、尼は地蔵菩薩の奇瑞《きずい》〈めでたいしるし〉だと言って喜んだ。

ところが、庵に絵像を掲げて数日すると、また絵像は消えてしまった。肩を落として帰ってき

た尼に、訳を聞いた息子は、

「そうかあ。こんな貧乏な家の尼さんに拝まれるんだもの、地蔵さんも嫌になって出ていったんだ。放っておけよ」

今日も、家で寝てばかりいたせいか、あくびまじりに言った。尼は息子の顔に、このあいだの猟師の顔を重ねた。（「お兄さん、働き者ねえ」……）自分の声が耳によみがえった。

ふたたび、早朝から歩きまわる尼の姿を周囲の者は眼にするようになった。声をかけても、返事もそこそこに、そそくさと歩きまわる尼の姿は滑稽《こっけい》でもあった。

地蔵菩薩を探す尼

やがて尼は絵像ではなく、地蔵菩薩を探すために生きているような心地になった。ちょうどその頃、ちまたでは、地蔵菩薩は早朝に済度《さいど》〈この世に生きるものを救って導くこと〉にやってくるという噂が流れていた。それを聞くと、ますます尼は熱心に地蔵菩薩を探して歩いた。身体が持たないと思われる日もあったが、おかまいなしに歩き続けた。

こうした尼の姿を見て、息子は博打仲間の男に愚痴を漏らした。

「うちの婆さんときたら、朝から晩まで、歩きまわっているんだ」

「そういえば、すれ違ったことがあったな」

「そんな力があるなら働いてほしいもんだ」

「ハハハ、働いてほしいって？　こうして昼間から賭けているおまえさんが言うことじゃないが。

それにしても、おふくろさん、耄碌《もうろく》したのかいな」

「なんでも地蔵を探しているとか。買い物を任せれば、買った動物を放してくるし、そのくせ、紬《つむぎ》の着物だけは寄こさない」

「なに、紬？　地蔵？」

「婆さんが持っているもので、いちばんの金目のものなんだ。耄碌なんてしてないさ。しっかりしているんだから」

「地蔵かあ……」

男は無精髭を掻きながら、

「治蔵《じぞう》なら、知ってるがなあ……」

でも、子どもだましにも、ほどがあるよなぁ……と口の中でつぶやいて笑った。

「どういうことだ？」

「隣村に、治蔵って名前の子どもがいるんだ。こいつが悪戯者《いたずらもの》でね。人の家の蜜柑《みかん》や柿を勝手に取って、売ろうとするんだ。かわいい奴だけどね。この間も、つい柿をひとつ買ってやったら、とんでもない渋柿で……でも、そいつを紹介したところで、地蔵を紹介したことにはならんだろうからな」

ふたりは笑った。男は笑いながら、ややあって思案顔《しあんがお》になっていった。

こころに深く念ずべし

ある朝、尼が道の辻を歩いていると、物乞いのようななりをして地面にしゃがみこんでいる男が声をかけてきた。

「もうし、婆さん、何か探し物かい？　顔に書いてあるよ。でも、この世の探し物ではないと見た。こう見えて、おれは人のこころを読むのがうまいんだ……当ててやろう」

男は眉間に皺を寄せると、さもさもらしく瞑目《めいもく》して言った。

「婆さん、ジゾウを探しているな……」

尼は呆気にとられた。

「居場所もわかるぞ……うん、よし。婆さん、ここから先は取引しよう。ジゾウの居場所を教えてやるから、おれに何かいい物をくれよ。そうだな……」

男は、ふたたび瞑目して言った。

「婆さん、形見にしようと思ってとっておいた着物があるだろう……おれには見えるよ……婆さんにとって、後生大事なことを教えてやるんだ。おれにも後生大事なその着物をくれよ」

尼は苦笑いした。（そういうことか……でも、どうして着物ということまで……）次にはっとした。息子夫婦の顔が思い浮かんだ。（いや……疑ってはいけない……。なんと罰あたりなことを考えてしまったのだろう）尼は急いで家に帰ると、紬を持って家を出ようとした。これを見とがめた息子夫婦は尼を追いかけてきた。息子は物乞いに扮した、博打仲間の男を責めて言った。

「この野郎、うちの婆さんを騙しやがって」

「騙してなんかないぞ。ジゾウの居場所を教えてやるんだ。婆さんから教えて欲しいって言ってきたんだ」

「婆さん、騙されてるんだよ」

「あの紬は、形見にするとか言って、赤の他人に渡しちまうのかい。甲斐性のない義母さんだねぇ」

尼は男の背を押して言った。

「なんでもいいから、早くお地蔵さんのところへ連れてってくださいな」

やがて尼と息子夫婦は、男に連れられて、なんの変哲もない村人の家の前に立った。

「ここにジゾウがいるんだ」

男は家の中に向かって、

「おうい、ジゾウはいるかい？」

と声をかけた。

「まだ帰ってきてないよ」

家の中から返事が聞こえた。

「ほら、な。ここで待っているといい」

男は尼からもらった紬を抱えて、さっさと帰って行った。息子夫婦は尼の袖を引いて、

「地蔵なんてこんなところに居やしないさ。いつまでもよその家に立っているんじゃないよ、帰

るよ」

と言ったが、尼は頑として動こうとしなかった。

「私はお地蔵さまにお会いするまで、もう家には帰りません」

外の騒ぎを聞きつけて、家の中から家主の妻らしい女が出てきた。

「お婆さん、うちに何か用ですか？」

「お地蔵さんを拝みにまいりました」

答えながら合掌する尼を見て、その妻はプッと吹き出した。

「いやですよ、お婆さん。うちのジゾウはそんなんじゃないですよ。ジゾウや、ジゾウ」

女の声に応じて駆けてきたのは、まだ十にもならないほどの、男児であった。嬉しそうに木の枝を手に握って、こちらに向かってくる。尼は、はっとして息子夫婦を盗み見た。息子夫婦は、

「形見にさせておけばよかったものを……」

とつぶやき合って、平生、むやみに紬の着物を欲しがったことを悔やんでいた。尼は、ふたりがこそこそと話し合っているさまを見て、それが呆れ顔のようにも、さきほどの男と結託しているような顔つきにも見えた。

尼は大きくかぶりを振った。（……いや、私がこの道に専心していたいのだから）諦めにも似た思いを抱えながら、尼は子どもに笑いかけた。

「あらあら、かわいいおジゾウさんだこと」

子どもの顔を見ると、しゃがんで頭を撫でた。

「拝ませてくださいね」

子どもは照れて笑いながら、木の枝で額を掻いた。

すると額から顔面が割れて、淡いひかりを放つ地蔵菩薩の顔があらわれた。

もし人、善根《ぜんこん》を種《う》ゑて、疑へば則《すなわ》ち華開かず。信心清浄なる者は花開けて則ち仏を見たてまつる。

――もし、人が善根をうえたとしても、その花が開くかどうか、極楽へ往けるかどうかを疑えば、その花は開かない。信心が清浄な者、信心を疑わない者には花が開いて、極楽の仏を拝むことができるのだ――

尼は胸になだれる言葉に、呆然となって地蔵菩薩を見つめていた。

「もう、我をお探しになるな。天寿をまっとうすればよい」

地蔵菩薩はそう語って持っていた枝を手渡した。尼は地蔵菩薩の言わんとしていることを解した。胸の内を、すみずみまで照らされたようで恥ずかしく、またありがたく、息をつくのも忘れて感涙にむせんだ。枝は蓮華の花と見えた。

絵像は失くなったままであった。尼は地蔵菩薩を探すこともなくなった。息子夫婦は、幼子を眺め、涙を流しながら木の枝を押しいただく尼の姿を見てから、尼にとやかく言うことはなくなった。尼も息子夫婦に頓着することはなくなった。
尼は移ろいゆく季節にも、安らかな楽しみを見いだせるようになっていた。昇る陽《ひ》、入る陽にも美しさを感じて、おのずから手を合わせることもあった。天寿をまっとうするという喜びを得てからは、自分の眺める景色さえ、大切に思われた。それだけではない。心中を照覧された地蔵菩薩には、自分が眼にする景色も見透かされているのではないかと思われて、地蔵菩薩を思い煩わせることのないよう、こころを整えて暮らすようにした。すると、どこかほかに自分の居場所を探し求めたくなるような気持ちもおさまるようになり、しぜんとこころが穏やかになった。

　その境地が移るのか、尼に出会う人は、なんとも言えず、こころが穏やかになるように思われた。

　人が問うた。どうして、そのように穏やかでいられるのか。尼が答えた。

「生身《しょうじん》〈生きた姿〉のお地蔵さまにお会いしたからでしょうか」

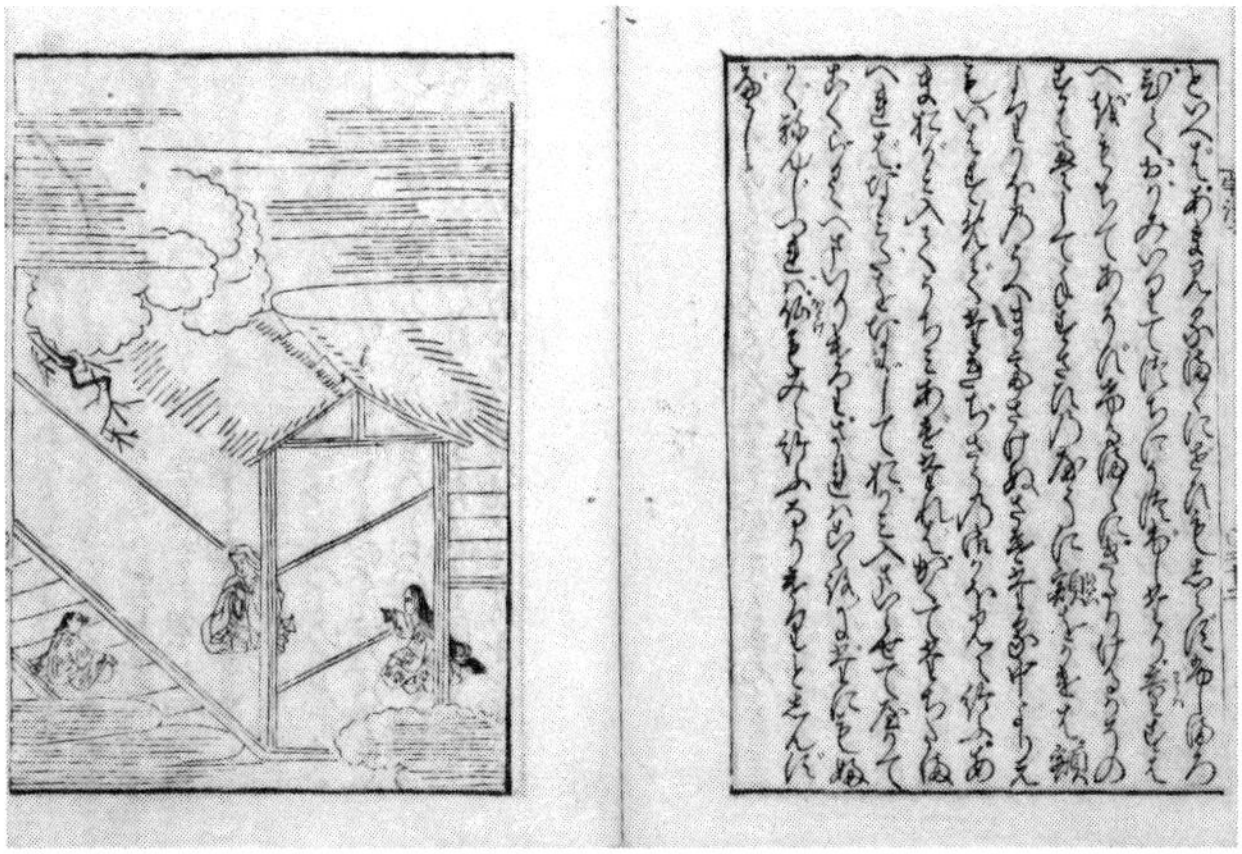

万治二年刊『宇治拾遺物語』の挿絵（国文学研究資料館蔵）

いらい尼は幼子をみると手を合わせた。信心ある者は、尼を尼地蔵《あまじぞう》と呼び、尼が朝早くから念仏を唱えながら、幼子に手を合わせて歩くさまを「尼地蔵が早暁《そうぎょう》に歩き給う」と讃えた。

　こころに深く念ずれば仏もまた、お見えなさるものと信ずべし。

ブックガイド　本篇は、平安時代の説話集『今昔物語集』巻第十二「尼所被盗持仏自然奉値語《あまぬすまれたるところのじぶつにじねんにあいたてまつること》第十七」と、鎌倉時代の説話集『宇治拾遺物語』巻第一「尼地蔵見奉る事」に収められている逸話に基づいて創作したものです。文中の引用は『往生要集』に引用される、インドの仏教僧である竜樹《りゅうじゅ》（一五〇～二五〇頃）の偈文《げもん》に拠ります。

コラム　親しみやすいお経　十句観音経《じっくかんのんぎょう》

『十句観音経《じっくかんのんぎょう》』は「延命《えんめい》十句観音経」ともいい、四十二字から成る、つぎのような大変短いお経です。

【原文】

十句観音経

観世音《かんぜおん》　南無仏《なむぶつ》　与仏有因《よぶつういん》　与仏有縁《よぶつうえん》　仏法僧縁《ぶっぽうそうえん》　常楽我浄《じょうらくがじょう》

朝《ちょう》　念観世音《ねんかんぜおん》　暮念観世音《ぼねんかんぜおん》　念念従心起《ねんねんじゅうしんき》　念念不離心《ねんねんふりしん》

【現代語訳】

観音菩薩さま　仏さま

ひとはすべて、仏となる種を宿しています

ひとはすべて、仏と縁で結ばれています

仏、仏の教え、仏の教えを信じる人との縁にめぐまれますように

それによってひらかれる世界は、

不変で、安穏な世界であり、なにものにも邪魔されない、清らかな境地です
わたしは朝に観音さまを念じます
わたしは夕べに観音さまを念じます
念じるごとに、こころは観音さまのもとへまいります
観音さまもまた、私のこころとひとつになって離れることはありません

とくに決まった節回しはありませんが、読み上げやすくするためにフリガナを付してみました。大正から昭和にかけての文筆家であった近都世《ちかとよ》は家事や散歩のおりに、気軽に口ずさむような気持ちでこのお経を唱えていたそうです（本書第八章参照）。確かに短いものですから、サプリメントや睡眠薬、またはお守りのように、この経典を肌身離さず持っている方もいるようです。

『仏祖統記《ぶっそとうき》』（一二六九年成立）という中国の書物にこのお経と同一の文句が引かれていることが知られていて、その頃の中国ではある程度広まっていたようですが、日本では江戸時代中期の臨済宗の僧、白隠《はくいん》（一六八五～一七六八）が一七五九（宝暦九）年に、十句観音経の霊験譚《れいげんたん》をあつめた『延命十句経霊験記』を刊行したことがきっかけとなり、広く知られるようになりました。白隠はこの『延命十句経霊験記』という本のなかで、重病の治癒や死人の甦生、罪科を免れるなど、十句観音経によってもたらされたさまざまな霊験（奇跡）を紹介しており、このお経を誦《よ》むときには身を清めて端座し、悟りの境地に至るために誦むようすすめています。

ちなみに白隠のこの『延命十句経霊験記』は木版印刷で作られていましたが、一七八八（天明

八）年正月の天明の大火によって、増刷をするのに必要な版木が焼けてしまったようです。しかし、たくさんのひとびとがお金を出し合い、一八二九（文政十二）年にふたたび版木が作り直されました。このように白隠と十句観音経は、江戸時代をつうじてひとびとの信仰をあつめていたといえるでしょう。

第八章

近都世《ちかとよ》と岡本かの子——家の庭に咲く蓮華

家の庭に、しぜんと咲いた蓮華の花を喜んだ老女がいた。老女は、いつかそれを阿弥陀仏《あみだぶつ》のところへ持ってゆきたいと願っていたという。平安時代の説話集『今昔物語集』に伝わる逸話である。その老女は、加賀の国のひとだった。長年、妻として家事に励み、豊かな屋敷に暮らしていた。夫に先立たれ、ひとりで暮らすようになった。日々仏の教えを深く信仰していた。

その家には小さな池があった。あるときから、この池に蓮華が生じるようになった。老女は蓮華を見て、

「ここの蓮華が開くとき、私が極楽へ往《い》って、この蓮華を阿弥陀さまに差し上げたい」

とつねに願っていた。蓮華が開く季節になると、それを村中の寺へ持ってゆき、仏にそなえていた。

年を経て老女は病気にかかった。ちょうど蓮華の花の開く頃だった。老女は喜んだ。

「私は長年の願いどおりに、蓮華の咲く頃に病気になりました。これはきっと極楽に往生できる

縁があるということでしょう」。

老女は近親者から隣に住む人に至るまで、自分に縁のある者を、みな家に呼び寄せて語った。

「みなさん、わたしはこのたび人間世界を去ることになりました。長年、親しくしてくださったご恩は忘れられません。お会いするのは今日かぎりでございます」

そして彼らにこころづくしのご馳走と、酒をぞんぶんにふるまった。ひとびとは、はじめは驚き、悲しんだ。しかし老女の満ち足りた風情を眺めていると、不思議と気持ちも尊くなり、さいごはみな、和やかに過ごしたのだった。

老女が命終をむかえた夜のこと。池の蓮華は、ことごとく西に向かってなびいた。これを見た者は、

「きっとあの老女が往生したしるしだろう」

といって涙を流して合掌したという。

この話は、もとは平安時代の『日本往生極楽記』に記される往生伝である。往生伝とは、極楽浄土に往生したひとの物語をいう。

このように出家せず、家庭生活を営みながら信仰心深く生きて往生を果たす女性もいる。いうまでもなく信仰心には、出家の有無や、賢さや無知、そういったものはかかわりがない。

加賀の老女の往生伝を思うとき、筆者にはもうひとり思い出される人物がいる。明治時代、金沢に生まれ、のちに夫にしたがって大阪、東京に移り住み、家庭のなかにありながら仏の道を求めた女性がいた。彼女の名前は近都世《ちかとよ》（一八九八・明治三十一年～没年未詳）という。

愚人《ぐじん》にして賢人《けんじん》

近《ちか》は若かりし頃、おなじ金沢出身で国文学者の武藤元信《むとうもとのぶ》（一八五四〜一九一八）のもとで古文や漢文を教わったことがあった。事情があって師範学校への進学を断念せざるを得なかった近は、それでも教員を目指して勉学に励んだ。それまで両者に面識はなく、知人をつうじての紹介であった。武藤は無償で近に古典の手ほどきをした。

そののちの大正七年、武藤はスペイン風邪がもとで肺炎にかかった。起き上がることも困難になったおり、近を呼び寄せ、出版予定である『枕草子別記と逸文』の草稿をもとにした口述筆記を頼む。近は四日間、清書の手伝いをした。近が帰宅して中一日経った頃、武藤の訃報を知らされたという。

大正九年、文部省の教員検定試験に合格（女性としては当時全国初の合格者であった）して十数年の教員生活を経たのちに家庭人となった近は、自分の気持ちをつぎのように吐露する。

たとえば主婦としての家庭内の仕事と、絵画や文学といったものへの根強い欲求とが激しく牴触する。そのどちらにも徹底出来ぬ焦《い》らだち。子供の教育にしても、或る時は新しい思潮に、ある時は在来のしきたりに、母親としての一貫したものがない。いったい何が本当か、家事と教育、そして芸術、それぞれ棄て得ぬものなら、これ等《ら》が互いに通い合う一筋のものはないのか。〝一以て之を貫く〟と古聖はかたるが、その一とは何？　あれこれ書物をあさり、知識人を訪ね、知名人の講演を聴くなど手をつくしても得るところなく、焦燥はつのるばかりであった。

（近都世『女人参禅記《にょにんさんぜんき》』木耳社、一九七九）

ここに語られる近の感じる苦は、現代においても当てはまるものがあるだろう。家庭人あるいは女性として求められる処世術と教養のずれ、生来の芸術や学問へのあこがれ。また子どものためには教育にも熱心に取り組みたい。これらの気持ちは、どれをとってもひとつのことへの集中を拒む。

そのうえ日々、環境も社会も変わってゆく。これらの〝無常〟とどう向き合ってゆくのか……。とくに近には、どうしても世慣れないところがあった。そのため恥じ入るような場面もままあったという。「実際生活にも自信が持てず、何かに求めずにはいられぬ焦燥」（前掲書）となる原因には、つぎのようなこともあった。

近都世『女人参禅記』
（木耳社、一九七九）

昭和のはじめのある真夏日、留守であるはずの家のまえで、若い男がひとり、うろうろとしていた。隣に住む近は、その様子を部屋から見ていた。近は東京に引っ越してしてきたばかりだった。

あまりに暑いので気の毒に思った近は庭に出て、男に声をかけた。聞けば隣人の身内という。

「私は横浜から来ました。三時までに帰らなければなりません。渡したい物があるので、どこか鍵のあいているところがあれば置いて帰るのですが」

男のひたいからは尋常でない汗が流れている。

「それでしたら――」

と近は自分の家の勝手口から、隣家との境の戸を開けて梯子《はしご》をかけた。隣家の二階の窓から入って荷物を置いていったらどうかと提案したのだった。男は言われるまま、近の支える梯子にのぼって窓の中へ消えていった。

それにしても男は、なかなか出てこない。さすがに近は、不審に思って隣家の玄関に立った。するとと男は中から出てきて、

「大丈夫です。何も持ち出してないですよ。奥さまには、全く頭が下がりました」

と笑って立ち去っていった。しかし、あとから警察がやってきてこの男は、じつは盗人だと知った。この男、すなわち盗人は、本当に何も盗ってはいなかった。近は安堵したが、本当に肝を冷やしたのは、その後の隣家の態度だった。無断で隣家に人を入れてしまったことについて、ひたすら頭を下げて詫びる近の耳に入ったのは、

「へえへえ何度も御丁重なことで……留守にする手前どもこそ、馬鹿の骨頂でしょうよ」

という、そこの姑の冷やかな一言だった。日々、親しみの情で繋がっていると思った人間関係の、あまりの変わりように彼女は衝撃を受けた。

人間関係の変貌は、よくある話といえばそれまでだが、近はそうと割り切ることができなかった。彼女は、こうした自分の性分《しょうぶん》をかえりみて、ついに仏の教えにこころの拠りどころを求める

ようになった。

岡本かの子との出会い

そこで出会ったのが、岡本かの子（一八八九・明治二十二年〜一九三九・昭和十四年）の著書『散華抄《さんげしょう》』（一九二九）だった。

迷ひを迷ひとして、正しく認めるときに、それはやがて、偽らざる実在としての価値を生ずる。私の心のなかに在る三つのものの鼎立《ていりつ》も、今日では、もはや既往《きおう》のごとく、私を苦しめなくなつた。寧《むし》ろそれを、そのまま認めるが故に、却《かえ》つて心が、広やかになつたのを覚える。私は釈放されたこの自由に立つて、人間から宗教を、宗教から芸術を、或ひは芸術から宗教を――眺め味はつて見度《みた》いと思ふ。そしてこの三つのものが、離れながら一つに居て、而《しか》も三つに表現される、摩訶不思議《まかふしぎ》な如体を探らせて欲しく思ふ。

（『散華抄』）

という序の一節に、痛烈な感興をもよおす。

かの子じしん、世間的なことは不得手《ふえて》で、歌を詠むこと、文章を書くことをこころの拠りどころとしているようなひとだった。芸術家の岡本太郎の母であり、夫は風刺漫画で有名な岡本一平である。

岡本かの子は、はじめ歌人として『かろきねたみ』（一九一二）や『わが最終歌集』（一九二九）

岡本かの子　『観音経を語る』（大法輪閣、一九六三）より

などを刊行するが、のちに小説も執筆し『鶴は病みき』（一九三六）、『母子叙情』（一九三七）、『河明り』（一九三九）、『生々流転《しょうじょうるてん》』（一九四〇）などの代表作を生み出す。

一方で、仏教研究にも没頭した。昭和初期の頃、仏教復興の風潮もあり、かの子は仏教研究家として全国をめぐって講演をおこなった。そのかたわら仏教小説も執筆している。

しかしそうしたかの子とても、若い頃から仏教へ傾倒していたわけではなかった。

三つの瘤《こぶ》を持つ駱駝《らくだ》

かの子の生家である大貫家《おおぬきけ》は、数百年続く大地主で、幕府御用商を勤めたこともある家柄である。兄の昌川《しょうせん》は、一高時代《いちこうじだい》から谷崎潤一郎と親交があり、第二次『新思潮』に属する文学者でもあった。

その影響もあり、かの子は跡見《あとみ》女学校在学中から『文章世界』、『読売新聞』の文芸欄へ短歌や詩を投稿し、早く与謝野晶子《よさのあきこ》に才能を見いだされて『明星』や『スバル』に寄稿している。かの子の母親は、こうした娘の浮世離れした才能を考えるにつけ、将来は結婚などせずに、琴の師匠などしながら過ごしてゆければいいと思っていた。そんな母の気持ちを知ってか知らずか、深窓の文学少女は二十一歳で〝町絵師〟の妻となる（岩崎呉夫『芸術餓鬼 岡本かの子伝』七曜社、一九六二）。一九一〇年に一平と結婚したかの子だったが、その頃の一平といえば、大した稼ぎはなかった。そのため夫婦は、東京都京橋区南鞘町《みなみさやちょう》の一平の実家に身を寄せた。ところが舅《しゅうと》をはじめ姑《しゅうとめ》、小姑《こじゅうと》のいる大所帯では、家事のできないかの子の肩身は狭かった。下町《したまち》生活にもなじめない。そのうえ放蕩癖《ほうとうへき》のある一平は何日も家を空けることがよくあった（橋爪健『文壇残酷物語』講談社、一九六四）。

翌年、太郎が産まれてから親子三人の居を構えたものの、一平の放蕩癖は相変わらずで、かの子の服や物を身ぐるみ剝ぐように金に替えてゆく暮らしであった。のち、彼女はこの時期をふりかえって、一日の食事を米一粒だけに定めて比叡山《ひえいざん》を一周する苦行《くぎょう》である「大曼《だいまん》の行《ぎょう》」をしているようなものだったと語る。そのかたわら『青鞜』にも参加した。

この頃、かの子が昌川に宛てた手紙が残っている。

私は、何処《どこ》まで行つたら満足する女なのでしよう。私は夫を愛し、子を愛し、自分の生活に充分興味を覚えながら何を捉えようとして猶且《なおか》つあせつて居るのでしょう。（中略）私がさしずめこの心を充実させようとするのには、私のたちとしたら文学が一番でしよう。其《それ》より外一寸《ほかちょっと》でも人に勝《すぐ》れた所が私には無いのですもの。

（『芸術餓鬼 岡本かの子伝』）

後年、かの子は自分のことを小説、歌、宗教が分かちがたく結びついた三つの瘤を持つ駱駝であると語ったが、この時期から、そうしたこころざしの萌芽《ほうが》が見てとれるだろう。

煩悩から仏の道へ

かの子は、この翌年、頼みとしていた兄と死別し、次いで母を亡くす。そして一九一三（大正二）年、とうとう精神を病んで入院した。

一平の放蕩はやんだが、こんどは、かの子の前にいかにも繊細そうな文学青年があらわれる。彼は中学時代から『文章世界』の投稿を通じてかの子へ憧れを抱いていた。大学のため上京したのを契機に、かの子のもとを訪れる。そしてかの子も青年に惚れ込んだ。

かの子の説得もあり、青年は一平公認のもと親子三人の家で同居生活を送ったこともあった。が、青年は心身ともに疲れ切って故郷に帰り、若死にしたという（『文壇残酷物語』）。

そうした苦悩のすえ、真摯に救いを求める心境となったかの子と一平は、はじめキリスト教に向かった。しかし、つよくかの子を捉えたのは親鸞《しんらん》の教えを説いた『歎異抄《たんにしょう》』だった。

それからは仏教各宗について学ぶだけでなく、原始仏教、インド哲学まで広く知識を集め、しだいにのめり込んでゆく。仏教学者の高楠順次郎《たかくすじゅんじろう》や常盤大定《ときわだいじょう》にも教えを乞い、参禅に興味が沸けば原田祖岳《そがく》や新井石禅《せきぜん》といった禅僧のもとへ足を運んだ。また西本願寺法主大谷光尊《にしほんがんじほうしゅおおたにこうそん》の娘で歌人の九条武子《くじょうたけこ》とも知り合い、彼女の示唆を得て『鬼子母《きしも》の愛』・『阿難《あなん》と呪術師の娘』（いずれも『散華抄』所収）など、仏教的な要素を取り入れた小説や戯曲、随筆や経典の解説書を執筆してゆく。

とはいえ、かの子はここまで仏教に傾倒しても、じしんが出家したわけではなかった。このようにあくまで俗世にあり、妻として、母として、いわば女性としての生活を捨てることなく、高らかに信仰心を謳《うた》う彼女の姿は、近《ちか》にとってあこがれの存在であったのだろう。

智慧《ちえ》によって生きる

近の『女人参禅記』には岡本かの子とのじっさいの交流についても記されている。以下、同書にもとづいて両者のやり取りを紹介する。

『散華抄』を読んで大きな感動と共感を覚えた近は、かの子が自宅でおこなっていた『歎異抄』の講義を聴く機会を得て、じっさいに接点を持つようになった。

あるとき近は、かの子にこう尋ねた。

「子供の帰りが一寸《ちょっと》遅れても、学校の試験が近づいても、ハラハラし通し、一生こんな不安ですごしてよいものでしょうか」

するとかの子は、パリへ留学中の太郎のことについて、自分もかつては大いに悩んだと言い、声を詰まらせながら応えた。

「太郎は二度と日本に帰ってこないかもしれない、混血児を抱いて、祖国のにんげんに、石を投げられるような者になるかもしれない」

太郎が留学していたのは、戦前のことである。けれども、今は仏の名を唱えているのだとかの子はいった。

「その安らぎは、あなたにもきっと、わかって下さる日がくると思います」

また、近が一九三四年の室戸台風の際、かの子が金沢に講演に出かけることを知り、朝早く岡本家へかけつけて、かの子の金沢行きを止めようとしたことがあった。かの子は、

「今度の旅は、わたし自身の考えからではなく、仏の使いと受けとるところに大きな安心があります」

と答えてにっこりしたという。近は、その落ち着きは何処から生まれるのか問うた。かの子はふたたび、

「南無阿弥陀仏を称えることとです」

とさきに返した答えと同じことを言ったのだった。

そして近は、かの子亡きあと述懐する。かの子の『散華抄』のいう、「三つのものが離れながら一つに居て、而《しか》も三つに表現される」境地とは、かの子の場合、南無阿弥陀仏であったのだと。そして自分にとっては無の心境に住むことであると実感するに至り、ようやく実際生活に励む決意がついたのだった。

十句観音経《じっくかんのんぎょう》との出遇《であ》い

昭和八、九年ころだったか、と近は追憶する。彼女が成蹊高等女学校へ生花指導の手伝いとしてかよっていたころのこと。

当時、校長であった奥田正造から、十句観音経の薄い本を渡され、つぎのように言われたという。

「それは〝延命《えんめい》十句観音経〟といってね、とても有難いお経です。あなたは、三人のお子さんのために毎日三回ずつこれを唱えて下さい。あなたの心惑いはいつか消え、お子さんのためにもきっとよいことがありますよ」

そう言って校長は、そのお経を棒よみによんで聞かせて下さった。〝節も何もない、ただ誦《よ》めばよろしいのです〟とも言われる。

「これ、どんな意味でございましょうか」

「今、この意味を解いてみても、あなたには解らないでしょう。が、これを称え称えするうちに自《おのず》らその意味は会得されます。それよりも、まずあなたによいことがめぐって来るでしょう」

（『女人参禅記』）

十句観音経とはつぎのとおりである（意味については本書コラム一三九頁の解説参照）。

観世音《かんぜおん》　南無仏《なむぶつ》　与仏有因《よぶつういん》　与仏有縁《よぶつうえん》　仏法僧縁《ぶっぽうそうえん》　常楽我浄《じょうらくがじょう》

朝念観世音《ちょうねんかんぜおん》　暮念観世音《ぼねんかんぜおん》　念念従心起《ねんねんじゅうしんき》　念念不離心《ねんねんふりしん》

近は、その日の帰り道から十句観音経を口ずさんでみたという。すると何だかよいことにであうような気になって嬉しくなった。そのことを校長に話すと、校長も喜び、こんどは五回読んでみたらいかがか、とすすめた。近は言われたとおりにした。経を読む数はしぜんと増えてゆく。

はて？と思うが、つい習慣づいて、米をときとぎ観世音、洗濯しながら南無仏といった調子で、いつの間にやら数にはこだわらなくなっていた。すると不思議なことには、目にみえて仏縁といったものが、わたしについてくるのであった。

デパートへ買物にゆけば、そこで成田不動尊の開帳展に出遇う。ここでも観世音、南無仏とおがんで、ふとみると向う脇に掛かっている小さい幅、大隈重信侯の母堂が、蓮の糸で織られた曼荼羅だと解説してある。（前掲書）

文中に登場する大隈重信の母とは、大隈三井子《おおくまみいこ》（一八〇六～一八九五）のこと。大変信仰に篤い人物で、全国の寺に蓮糸で織った曼荼羅をおさめたという。

やがて近は思い当たった。「三人のお子さんのために」、校長のこの言葉が近の信仰心と、子どもを育てるこころとを繋げたのだ、と。そしてようやく、岡本かの子の信仰心を理解する。

そういえば岡本かの子夫人も観音信仰に篤く、遠く異郷で学ぶ太郎さんのために、観音を念じてやまぬ日々であったと思う。（前掲書）

たしかに、かの子は観音菩薩をこよなく愛していた。とくにその美貌を愛していた。かの子は「観音様でも美貌でなければ、けっして私は観音像を、肌身に抱いてなんかいはしない。あれほど深い教えは、美貌より包蔵なし得る資格なし」と評論家の亀井勝一郎に語っていたという（岡本一平『かの子の記』小学館、一九四二。引用は一九九六年チクマ秀版社刊新装版による）。若い頃から厚化粧、派手などと言われがちのかの子であったが、美しいものに対する憧憬は人一倍強く、世にいう美男美女を高く評価した。

また、かの子は昭和四年から二年間、一平や太郎らとともにヨーロッパへ外遊したことがあった。太郎はそのままパリに留まり、かの子と太郎は、その後、再会することなく死別する。かの子は息子と別れる際、下宿先の家具の配置、食堂の様子まで眼に焼きつけるように凝視して回り、にわかに観音菩薩の絵を描くと、洋服棚の扉の裏に張り付けて部屋を出たという。そのときの絵のモデルは、一平が仕事帰りに買ってやり、いつも肌身離さず持っていた水晶の観音菩薩像であった（『かの子の記』）。

近の思うとおり、かの子の太郎への愛情と観音信仰のかかわりには、こうした背景があった。やがて近は、臨済宗方広寺派管長《りんざいしゅうほうこうじかんちょう》であった足利紫山《あしかがしざん》（一八五九〜一九五九）に教えを乞う機会を得る。紫山のもとには近の次男、三男も、ともに通った。近は「まさしくお経の句のまま仏法僧の縁に遇ったといわねばならない」と述べて、次のように記している。

紫山老師は、行住坐臥《ぎょうじゅうざが》、口からこの十句観音経を絶やされたことはなかった。とりわけ長い旅をされる汽車の中では、手にされた長い数珠のたまを一つ繰っては観世音、また一つ繰っては南無仏と唱え続けられた。わたしもいつか口をはなれず願望《ねがい》も感謝もこめて、生活と一つになって何十年を経るのであった。

（『女人参禅記』）

この「仏法僧縁」とは先に引いた「十句観音経」に登場するフレーズで、「仏」と、その教えである「法」、そして仏の教えを奉ずるひとびとの集まりをあらわす意味の「僧」、これら三つを三宝ともいうが、それらの「縁」が整うことをさす。仏と、その教え、そして仏道に身を投じた人（紫山老師）に近はめぐり合ったのである。

それからというもの近は、さらに柳宗悦《やなぎむねよし》・兼子《かねこ》夫妻とも交流を持ち、志賀直哉《しがなおや》、土岐善麿《ときぜんまろ》、伊藤月庵《げったん》、釈迢空《しゃくちょうくう》（折口信夫《おりくちしのぶ》）などともかかわって、おりおりに文章や和歌の添削も求めた。そうしたひとびとについての回想を『女人参禅記』のなかに綴っている。

しかしながら近のこころにありつづけたのは、じつは学問でも、芸術でも、仏の教えそのものでもなかった。彼女のこころにふかく刺さった棘は、「奥さまには全く頭が下がりました」と語って何も取らずに去った、あの盗人のこころを受け入れられない隣人の存在だった。

仏法僧縁

近に古典を教えていた武藤元信は、生前、近に教員になるための試験が終わったら、こんどは維摩経《ゆいまぎょう》を読もうと語っていた。結局、それは果たされなかったが、その後の人生のなかで、近はつぎつぎと仏法僧の縁にめぐまれた。

近は恐らく終生家庭人であった。学業にすぐれ、仏教にふかく傾倒しはしたが、こんにちにおいてひろく知られたおおきな業績があるわけではない。著作もこの『女人参禅記』の一冊がある程度である。じぶんの内側にある芸術や文学への興味や信仰心と、子どもへの教育などの家庭生活とを、どのように折り合いをつけたらよいかを日々模索し続けたひとであった。

岡本かの子や足利紫山をはじめ、これと思った人物とは縁を求めて行動する積極的な人ではあったが、近都世じしんは著名であるわけではなく、今のところ没年すら明らかではない。本章ではあえてこうした著名ではない人物を取り上げた。いたって普通の生活を送りながら、信仰を抱えた人が、どのように生きたのか、そのすがたに光を当てたかったからである。

筆者が近の著書に出会ったのは、彼女が生まれた金沢の街でのことだった。一時期、わたしは金沢に暮らしていたことがあった。

兼六園、茶屋街、香林坊……賑やかで風情ある景色の一方で、雪が降る冬には俗世らしからぬ白銀の世界が広がってゆく。それらの景色を眺めては、幾度となく写真におさめたものだった。秋の頃には、朝の眼覚めとともに日本海側の激しい雷鳴を聞いたことも懐かしい。漆器をはじめとする工芸品のたぐいも美しかった。美味なものとのであいもあった。海の幸はもちろん、味噌や豆腐の味わいも繊細で多様であった。甘党のわたしにとって甘酒の種類が豊富であったのも嬉しかった。

とはいえ、ふだんは生来の出無精もかさなり、日用品を買いがてら外に出るくらいだった。もっぱら浅野川の流れを眺めては、来し方行く末《こかたゆくすえ》を思って、ただただぼんやりと日を送っていた。不意の転居を余儀なくされ、大きな喪失感に囚われていた。川面にひかる蛍にさえ、上の空だった。

そんなおり、卯辰山《うたつ》にのぼったときのこと。金沢城から東（卯辰）の方角に位置するためにそう呼ばれる卯辰山は、ふもとや中腹に寺院や碑文、公園などを備える標高一四〇メートル程の小高い山である。路傍の石仏に、まっさらな百八の水晶の数珠がかかっていた。

わたしは、冒頭の往生伝の加賀の老女のことを思い出していた。古書店で、薄褐色地に座禅をする愛らしい河童のすがたが表紙に描かれた近の著書に出会ったのもその頃だった。

いまふたたび、あの石仏を思う。あのとき卯辰山で見た石仏の背銘《はいめい》には施主《せしゅ》に女人の名が彫られていた。石仏を造る者、そこに数珠をかける者、それを拝む者とがある。その地で出遇った書物にみちびかれ、一介の生活者であるわたしはこの文章を書いている。

これもまた、仏法僧縁のひとつのかたちといえるだろう。

※小説等の作品にかんしては、雑誌初出ではなく、はじめて単行本になった刊年のみ注記した。

第九章
遊女明月《あきづき》の物語
——泥中《でいちゅう》にひかりさす

念仏など唱えるな

天正五年、筑前博多の花街、柳町——薩摩屋の一隅。二十一歳になる遊女、明月は手箱のなかの小さな観音菩薩の像に手を合わせ、ささやくように念仏を唱えた。いつもの習慣であった。

「念仏など唱えるな。そんなものは……無駄だ」

同衾していた男は小声で言うと、酒をあおった。そうは言っても、この男は明月が念じるのを邪魔しない。背中を向けて、つぶやくだけだ。明月は男の好意に気が付いていた。

この男は明月にばかり執心した。そして静かに酒をあおる。おかげで明月の身も、無体な客から遠ざかり、だいぶ楽になった。

けれど、半年前からの不調はなかなか消えない。彼女は、じぶんの身体を支えるのさえ億劫になって、ためらいがちに、背中を向けて酒をあおる男の温かな背中に身を預けた。

（お武家さま……死にたいのですか）こころのなかで問うてみる。

念仏など唱えるな。おなじことを明月につぶやいた男がいた。

明月は、もと秋という名で備中国《びっちゅうのくに》窪屋の郷士、窪屋与二郎の娘であった。同藩の藩士に伏岡金吾という男がいた。許嫁《いいなずけ》だった。あと少しで祝言《しゅうげん》をあげようというとき、矢倉監物《やくらけんもつ》という男が秋を我が物にしようと、金吾を闇討ちにした。

ところが斬られたのは金吾の父。失態を恥じた監物は出奔した。

金吾は父の墓前で、歯を食いしばっていた。なみだながらに念仏を唱える秋に、小さくつぶやいた。

「念仏など、唱えるな……」

そして書置きを残すと、仇討ちの旅に出ていった。

はじめは旅先から便りがあろうかと待っていた。が、そのひとつき、ひとつきの長いこと。二年の歳月が流れようとしたころ、秋は金吾が哀れで、また心配で、食事も喉を通らなくなった。秋の父も亡くなっていた。

見兼ねた老母が思い立ち、秋とともに金吾のゆくえを探しに郷里を出ることになった。

仇討ちの顛末《てんまつ》

方々たずねてまわり、事情を知る者にようやくめぐり合ったが、金吾は父の仇を取ったあと、そのときの傷がもとで横死したという。やっと金吾のゆくえを突き止めたというのに、かわいそうで、かわいそうで、秋はなみだも出ない眼で泣いていた。

がっかりしているところ、旅先で老母が寝付いてしまった。宿代もかさんでいく。どうしたらよいか、考えてあぐねているところ、宿で長居をしている商人ふうの二人連れが声をかけてきた。

「おじょうさん、どちらへお行きで?」

身なりもござっぱりとしていて、壮健な男だった。悩んでいなかったら返答などしなかっただろう。秋より、やや年上のようだった。ためらいながら、秋は、

「備中の国へ」

と応えた。

「お連れさん、ご母堂さまでらっしゃいますか? 何日か前、お見かけしましたが……おっと、すみませんね。つい、心配なもんで。だいぶお加減が悪いようですね」

秋は愛想笑いを浮かべて、

「ご心配いただき、ありがとうございます。わたくしどもで、なんとかできますので、お構いなく」

と応えた。

「……左様ですか」

商人ふうの男は、かしこまると小さく頭を下げてその場を去った。しかし母親の様子は日に日に悪くなっていった。

秋が洗い物をしに井戸端へゆくと、このあいだの男が声をかけてきた。

「ちょいと、いいですか？　おじょうさん、ずいぶん、お疲れのようですね。うちもね、連れが熱を出しまして。どうも流行り病のようですな」

人のよい秋は、我がことのように気を揉んだ。

「それはお気の毒ですね」

「連れがね、宿のめしが喉を通らないっていうものですから、めし屋で、にぎりめし作ってもらったんですよ」

男は懐からにぎりめしの入った包みを取り出した。

「もらってやっておくんなさい」

秋は固辞した。男は、ふっと手を止めて、

「……似てンなあ」

と言って秋の顔をのぞき込んで嘆息した。

「うちの大旦那さまのお嬢さまがね、生きてらっしゃったら、きっと娘さんみたいなひとになったんだろうなあ、と思いましてねえ」

声を落とした。秋が呆気にとられているうちに包みを押し付けると、

「ご母堂さまには、めし炊き女からもらったことにして。心配させると悪いから」

立ち去っていった。秋は二の句が継げずに佇んでいた。まだ温かい握り飯の重みが胸に痛い。

男の気持ちを無にするのも気が引けるし、母にもこれを分けてやりたい。

秋は戻ると母の枕辺で、

「今日は、奉公している人が難儀しているようでしたので、お手伝いしましたら残りのご飯を握ってくれました」

とごまかして、もらった握り飯を小さく割って差し出した。

「……秋。わたしのことは、心配しなくていいから。もう、人からものをもらってはいけません」

秋はぎょっとした。母親は言葉を継いだ。

「若い娘だと思うと、だれが何を考えるか、わからないんだよ……思えば母とふたり、金吾どのを追いかけようなどというのは、だいそれた考えだったのでしょう。でも、そうでもしなければ、秋が死んでしまうような気がしてね」

語り終えると細い息をととのえた。

○

秋が死んでしまう——明月は、かつての母の言葉を思い出しながら、三味線を弾いていた。

明月は弦歌もうるわしかった。その男も、いつものごとく酒を浴びるように飲んでは明月の膝に頭をあずけ、声に聞き惚れていた。

そのとき酔った客が明月の声を聞きつけ、

「明月どこにいる」

と言って探しにやってきた。男は知人の声のように思われたので、慌ただしく身支度をしながら出ていこうとした。

すぐそこまで客の足音が聞こえている。

「おゆるしくださいませ」

明月は、やっと聞こえるほどの声でつぶやくと、指をついてうやうやしく頭を下げた。その為《し》熟《こな》しを、男は一瞥してつぶやいた。

「行儀正しい、育てられ方をしたのだな」

はっと我に返ったような顔をした明月を見逃さなかった。男は足早に去っていった。

明月は、ふたたび母を思い出していた。

母と別れた、さいごの夜のことを――。

秋から明月へ

宿で床に就《つ》いていた秋の母親は、ある夜半、起き上がって着物を少しずつ緩めると、身につけていた真田帯《さなだおび》を取り出した。この帯は長い袋状になっていて、中には少々の金が入っていた。母親は、眼を見張る秋のまえでそれを渡すと、

「秋や、これをおまえに預けよう。もし、わたしが死んでも、しっかりしなさいよ」

低い声で言った。

あくる朝早く、秋が女中に呼ばれて帳場へ降りてゆくと、このあいだの商人ふうの男が慌てたように小声で言った。

「あたしの連れがひどく苦しんでるんで、山向こうの医者にみてもらおうと、駕籠をふたつ呼ん

だのですがね、連れがあんまり苦しむんで、連れて行けないんですよ。医者を呼んでこようか、医者に連れて行こうか、迷ってるんだけど、ご母堂さまのおかげんはどうですか？　せっかくだから、一緒に診てもらったらどうかと思って」

秋は、母を医者に診せたくもあった。が、昨晩のようすからすると、本人は、わざわざ医者にかかる気はないかもしれない。でも、せっかく懐に金がある……。

「もしお薬がいただけるなら」

秋がためらいがちに言うと、男は手を打った。

「よし、それだ。それなら今からおじょうさんとあたしで、医者を呼んできやしょう」

男は隣にいた年増の女中と眼を合わせた。

「それじゃ、一日がかりになるが、ご母堂さまには、よろしく伝えておくんなさい」

「はいよ。心配しないどくれね」

女中は秋に向かって言った。

「お母上には、あたしから言っときますから、明るいうちに帰ってこられるように、今から行ったがいいよ。お母上、寝かしておいてあげてくださいね。あたし、しばらく飯の支度があるから」

秋はそそくさと身支度を整えると、男の呼んだ駕籠に乗って宿を出た。慣れない駕籠に揺られて、途中、何度も眼が回ったが、日が暮れそうになっても医者には辿り着かない。

やがて駕籠は花街の中で止まった。薩摩屋のまえだった。十七歳、秋は明月という名の遊女にさせられてしまった。

正海上人と明月

明月は、ひそかに金吾の菩提を弔うため、薩摩屋近くにある万行寺という寺にお参りにいくようになった。

万行寺の五代目の住職、正海上人は明月のような若く美しい遊女が早朝、ひとりで人目を忍ぶようにお参りにやってくることが気になっていた。

「そなたのように、こころざしの美しい女人は、はじめてみるのう。なにか、願掛けでもなさっておられるのかな」

明月は、弱くかぶりを振った。金吾の菩提を弔っていることは胸に秘めるつもりだった。

「……わたしのような者でも、極楽へ往《ゆ》くことはできましょうか」

もしそうなら一縷《いちる》の望みをかけたい。

「ああ、できるとも」

正海上人は、力強くうなづいて言った。

「女人はなにかと罪深いと言われる。だが、阿弥陀さまは念仏を唱える者は、だれであれ、みな救うというお誓いをたてたのだよ」

明月は、うっとりと聞き入っていた。それからは、なお熱心に万行寺に通った。

明月の信心

明月の信心は、並大抵のものではなかった。早朝、いくら寒い朝でも、はだしで毎日参詣することを欠かさなかった。

寺に参詣するだけでなく、薩摩屋のなかでも小さく念仏を唱え、手箱におさまる観音菩薩を持仏として大切にしていた。

しかし、信心が高まるのとどうじに、明月の身体はしだいに病みやすくなっていった。こころは遥かに、身体もどこか浮世離れして、どのような不調も恐れることもないように思われた。それは明月にとってありがたいことでもあった。

明月は満ち足りた表情で言った。

「正海さま。わたし、ここまでお参りに来られないとき、薩摩屋のまえにある川にお賽銭を入れて拝んでいるんです」

どうしても起き上がれない日もあった。正海は境内を掃き清める手を休め、何度もうなづいてみせた。

「おうおう、届いておるぞ。やけに水に濡れておるなア、と思う賽銭があってな。そなたであったか。ちゃんと、ほとけさまはみておるからな」

正海は笑みをたたえて、しかし声までは、穏やかになれなかった。明月の、末なき行く末を案じずにはいられなかった。

ある夜半、明月は軽い咳をした。たて続けに何度か咳込んでいる。

「冷たい風に当たるなよ」

男が言って、薄い掛け物を肩にかけてやった。明月は、男の胸に顔をあずけながら、万行寺にお参りにいきたいとつぶやいた。

「そんな身体でわざわざ行かなくたって、ほとけさんは怒りゃしねえよ」

男は明月のために、酒を温《ぬく》めてすすめた。明月は少しずつ口に含むと、だんだん気分もよくなってきたようで、しだいに嬉しそうな笑みを見せた。

「昨日も、お寺には行けなかったんです……だからわたし、お店でお寺までの歩数を踏んでいました。そしたら、拝んでいた手の中のお賽銭が、飛んでいったんですよ。たぶん、お寺に行ったんじゃないのかなって——」

男はつよく彼女の肩を抱きしめた。

蓮華のまぼろし

正海は明け方、夢を見ていた。

朝の勤行をしようとして本尊の前にゆこうとすると、だれかが額《ぬか》づいている。仏前には、大きな白い蓮華の花が活《い》けてあった。(さて、あのような花があっただろうか……)

ぬかづいていた女人は、首《こうべ》をあげて正海を見た。にっこりと笑う。

「おお、明月や。なぜこんな早く」

「正海さま、みてください。こんなに大きな、はすのはな」

「おお、おお……どうした」

「わたしです」

耳元で、声だけがした。まなこをひらくと暗闇の中だった。正海は起き上がった。胸が早鐘のようになっている。(ここは……本堂ではなかったのか)

一番鶏《いちばんどり》が鳴いた。それが夢であることに気づくまで、かなりの刻《とき》を要した。

夜が明けて、明月は死んでいた。不思議なことに事切れた明月の口からは、大きな蓮の花が生《は》え出ていた。店の者たちは、みな明月から生え出た蓮華をのぞきこんだ。

「なんだい、薄気味悪いねえ。さいごまでキショクの悪い女だったよ。悪いもんでも拾って食べたんだろ」

薩摩屋のおかみは悪態をついて、店の者に手伝わせながら亡骸《なきがら》を引きずり、店の外へ出そうとした。あとは死体かつぎの男が片付ける手筈であった。

そこへ正海が飛び込んできた。明月に何かあったのではないかと思って店にやってきたのだった。

「や、や。これは……」

明月の口から蓮の花が生え出ている。寺で見た蓮とまったくおなじであった。正海は明月の亡骸に覆いかぶさり、おかみに言った。

「こらこら、そのように乱暴にしてはならぬ。これは極楽浄土の花が咲いておるのだ。極楽に往生した者は、このように口から花を咲かせるのだ」

「お上人さま、なんで、口なの？」

ひとりの遊女が正海に問うた。

「そりゃあ、お念仏を唱えるのが口だからなのだよ。お念仏を唱えるというのは、ほとけさまと繋がっておるということなのだ、明月の身体は、もうほとけさまのものだ。こんなにありがたいことはない。これはわたしが引き取らせていただく。だれか、手伝ってくれないか」

おかみはすかさず言った。

「待っとくれよ。そんなにありがたいんなら、こっちで引き取るんだから、持っていきたいなら銭よこしな」

正海が眼をむいて驚いていると、おかみは口早にまくしたてた。

「明月は客を選んでちっとも稼がなかったんだよ。本当はもっと客がついてもよかったんだ。めし代、着物代、それと医者代、合わせて十両でいいからよこしな」

遊女や下男たちは端からこれを聞いていて、腹が立つやら、正海が気の毒やら、ただささめざめと泣きだした。明月はろくに飯も食べていなかったし、店では医者なんぞ、かかった者もない。

正海は吐き捨てるように言った。

「罰当りが。わしにそんなことが通用すると思うてか」

おかみは使用人たちが見ているなかで正海に怒鳴られたことが気に食わなかった。

「店の者の身体は、どうしようがうちの勝手だ。そんなにありがたいんなら賽銭箱でも置いて、しばらく店に出しておこうかね。お上人さん、出てってておくれな」

おかみは正海につかみかかった。ふたりが揉み合っていたころ、死体かつぎの男は勝手口から店の者を呼ばわっていた。返事がないので、店の軒に回ってなかをのぞき込む。

明月の亡骸をみるなり、死体かつぎの男は腰を抜かした。

「あ、あんな死人、みたことねえ。おらあ、かつげねえよ」

死体かつぎの男は血相を変えて逃げ去った。男の言葉に、店の者たちは恐れをなしてその場から逃げてしまった。

おかみは魂が抜けたようにその場に立ち尽くした。正海は、さらりと数珠を押し揉むと、明月を抱え上げた。すると口中の蓮の花は消えた。

天正六年、春のことだった。行年《ぎょうねん》二十二。

泥の中にこそ咲く花

明月の軽い身体は容易に抱えることができた。正海は毅然と店を出た。

往来の途上。小さく念仏を唱えながら死人を抱えて歩く正海を見る者は、ぎょっとして振り返り、振り返りしては逃げていく。やがて店の騒ぎを聞きつけた檀家の者が大八車を引いて正海を追いかけてきた。

明月は万行寺で丁重に葬られた。

明月をこよなく愛した男も噂を聞いて寺に駆け付けた。正海は本堂で読経のさなかであった。

男は明月の死にざまを店の者から聞いていた。

正海は男に夢の出来事を伝えて、嘆息して言った。

「あまりによい蓮の花がご本尊さまのまえで咲いていたのだが、その蓮とまったくおなじ花が明月の口から生えておった。それほどまでに明月を大事にしておったのなら、そなたにも見せてやりたかったのう」

男は明月を埋葬した場所に案内してもらった。真新しい土饅頭と、花が供えられていた。

「手向《たむ》けてやりなさい」

正海が茶碗に水を汲んで男に渡してやった。男は墓前に膝をつくと、茶碗をおいて手を合わせた。両の眼のあいだから、とめどなくなみだがあふれる。(娑婆は、なんと、ろくでもない……ほとけの救いなんて、ないんだな)男はまなこから血のにじむ思いで土をにらみつけていた。

やがて四十九日を迎えた。明月を憐れに思ったひとびとも寺にやってきて、大きな法要となった。

例の男もやってきていた。男は悄然とした足取りで墓前に花を手向けた。瞑目して手を合わせる。

男が眼を開けると、まるで香の煙が空に向かうように、すっとうえに伸びた、大きな白い蓮の花が墓から生え出ていた。

「御、御坊」

男が声をあげた。周りの者もどよめいた。

「たとえば高原の陸地《ろくち》は蓮華を生《しょう》ぜず、卑湿《ひしつ》の淤泥《おでい》はすなわちこの華を生ずるがごとし……」

正海は『維摩経《ゆいまきょう》』の一節をつぶやいた。高原のような清らかなところに蓮華は咲かない。じめじめとした泥の中にこそ、この花は咲く――。

「見せてやりたかったのだろうな……」

なみだのあいまに正海の声を聞いた。

以後、この男が死にたいと思うことはなくなった。

明月の墓所は、いまも変わらず博多の万行寺にある。

ブックガイド　明月は室町時代の遊女。岡山の生まれ。津田元貫編『石城志』巻五（一七六五年成立、大正八年に筑紫史談会より翻刻刊行）、僧純『妙好人伝』二篇上（一八四二年刊）などの文献に言及があるほか、栗盛北光『名娼明月』（積善館、一九一三）という小説が刊行されています。本篇はこれらを参考に創作したものです。

第十章

『源氏物語』浮舟——仏の愛に生きる

ひとり、宇治川のほとりに立ち尽くす女がいた。水音が轟々と音をたてて耳底にひびく。考えることは、ここのところ、ずっとおなじことであった。

恋人との語らいを忘れることはできない。かといって、じぶんに実直に尽くしてくれた男をあざむき続けることもできなかった。

年老いた身内は、豊かな身分の男との新しい暮らしを喜んでいた。がっかりさせることはできない。だれもいつわることはできない。

なにより、このわたくしをいつわることはできなかった。

たたずむ人影は、やがて宇治川の闇に消えた。

浮舟の物語

平安時代、紫式部によって編まれた長編の物語『源氏物語』五十四帖《じょう》のうち終わりの十帖は、とくに「宇治十帖」と呼ばれる。主人公である光源氏は物語から退場し、光源氏の実子として育てられた薫《かおる》や、今上帝《きんじょうてい》の第三子である匂宮《におうのみや》の動向が中心に描かれる。

その頃、都から離れた宇治には三人の女性がいた。大君《おおいぎみ》、中《なか》の君、そして浮舟《うきふね》である。「宇治十帖」のうち、浮舟は「宿木《やどりき》」の巻から最末尾の「夢浮橋《ゆめのうきはし》」まで登場し、長編物語である『源氏物語』は、浮舟の顚末を語って終幕を迎えるともいえる。

じっさい浮舟という人物は、それまで『源氏物語』中に描かれることのなかった女性として造型されているといってよい。『源氏物語』じたい、女性が出家する場面がよく描かれるが、なかでも浮舟の物語は出家譚として独立して読んでも見事なものだ。

以下、浮舟をめぐる物語を、『源氏物語』の原文を踏まえながらリライトして紹介してみる。

仏にすくわれた女

女は悪夢を見ていた。

真っ暗な岸に流れ着き、何かに追われるままに、ほうほうの体《てい》で大木の下へ行き着く。泣きながら、女は震えていた。とおくでひとの声がする。

「おまえは鬼か、神か、化け物か。名乗れ、名を名乗れ」

（わたしはだれだろう……）女は、必死で思い出そうとした。

ふたたび、今度は別の男の声がする。

「このままにしておけば死んでしまうでしょう。死の穢《けが》れがここにあると、僧都《そうず》どのの母尼さまの病に差しさわりがあるかもしれません。宇治院の垣根の下まで運んでおけば、この者が死んだとしても、穢れには当たりますまい。どうでしょう、運び出しておきましょうか」

僧都と呼ばれた者が応える。

「何をいう。この者は、まっこと人のかたちをしているではないか。しかも死んでいない。それなのに見捨てるというのは、どういうことだ。人に捕らえられていまにも殺されそうな池の魚や山の鹿ですら憐れみをもよおすのに、ましてや今にも死にそうな人を見捨ててよいのか？　人の命はけっして長いものではない」

まるで異なる世界の言葉を聞くようだった。なんと尊い言葉なのだろう……。

折からの雨に打たれながら、僧都の声が響く。

「たとえ長く生きていても、残りの命の一日、二日でさえも惜しまずにはいられない。わたしとて、八十を過ぎたじぶんの母についていても、そのように思ってこうして骨を折っているのだ」

僧都の言葉につられて、女の脳裏には親しくしていた母や乳母、乳母子《めのとご》が思い出された……それにしても、わたしとは何者だろうか。

「この者が鬼や神にとり憑かれでもしたのか、人から追われたのか、騙されたのか、それはわからない。けれど、はっきりしているのは、このままにしておけば野垂れ死にするしかないということだ。みほとけであれば、こういうときにこそ必ずお救いになるだろう」

ああ、そうか。わたしは何者であってもかまなわいのだ……。

女の眼からとめどなく涙があふれた。ふと誰かが彼女の身体を担ぎあげる。つよい力で濁流からすくいとられるようだった。視界の隅に僧衣がみえる。（あ、仏さま……）

女の意識はとぎれた。

女の身の上

男は死んだ女の面影を追っていた。男の名は薫《かおる》といった。光源氏の子として育てられたが、じつは彼の子ではない。光源氏の正妻である三の宮と柏木《かしわぎ》という男との不義の子であった。

薫は都を離れた宇治の山で静かに暮らす大君《おおいぎみ》と呼ばれる女性を慕っていた。しかし大君は薫がいくら宇治にたずねていってもその気持ちには応えない。大君は生来、男女の付き合いを嫌っているようでもあった。大君は世捨て人のような父の八の宮（桐壺帝《きりつぼてい》の第八子）、そして妹の中の君《なかのきみ》とともに歌を詠んだり、箏や琴を合奏して暮らしていた。やがて父の八の宮も亡くなり、跡を追うようにその大君も亡くなってしまった。それでも薫は亡き大君のことを忘れられずにいた。

薫は、もはや会うことのかなわない大君への思いが募るあまり、大君の人形《ひとがた》や絵を作り、それを寺のような場所に安置して後世《ごせ》を弔いたいと思い、そのことを中の君に語った。その頃、中の君は匂宮のもと、二条院に引き取られ、彼の子をみごもっていた。彼女は薫を不憫に思い、離れて暮らす異母妹、浮舟を薫に紹介する。まことに浮舟は大君にそっくりだった。これまでの事情は伏せたまま、薫は浮舟をたずねてゆくようになる。といってもふたりの関係は、なかなか進展しない。薫にとって浮舟は、やはり大君の面影を宿す生きた人形だった。ひとまず浮舟は薫が用意した宇治の住居に隠れ住むことになった。

しかしそこへ行き着くまえ、浮舟は束の間、中の君のいる二条院に身を寄せていた。中の君の夫である匂宮は、居合わせた浮舟の容姿に眼をつけていた。いなくなった浮舟の行方をさぐり、匂宮は宇治までやってきた。薫のふりをして浮舟の閨《ねや》に入り、薫よりさきに強《し》いて浮舟と関係をとり結んでしまった。

浮舟は匂宮の率直な想いに惹かれた。匂宮は、てすさびに、さらさらと美しい男女の絵を書いて、

「会えないときは、これを見て」

などといい、

「つねにこんなふうにいられたらね」

ともいう。そう語る顔もまた美しい。見惚れていると、

「あなたほど美しい人はいない」

かえってそんなことを言ってくる男だった。それからというもの浮舟は薫と会っていても、どことなく浮かない顔をしていた。そんな浮舟の様子を、薫は皮肉にも大人びてきたのだ、と捉えていた。薫は都の屋敷に彼女を受け入れると決心する。

いっぽう匂宮もひそかに浮舟のもとに通っていた。雪の深く降り積もる日、浮舟は匂宮に連れ

出される。宇治川対岸のあばら家のようなところで、ふたり、たがいの身体をくすぐるような距離で過ごす。ときおり差し入れられる食べ物や手水《ちょうず》でなんの不便も感じない……気づけば丸二日経っていた。

その日いらい、浮舟は、ますますもとの暮らしにもどれなくなった。彼女は困惑しつづけていた。匂宮も薫も、浮舟を自分の屋敷へ受け入れようとする。

そのころ浮舟は、二条院にいたころの匂宮との関係について、自分の母親が、

「もし娘の浮舟が、匂宮と男女の関係があるなら親子の縁を切る」

と語っているのを耳にする。いまさらながら匂宮が異母姉の夫であることが深く思い知らされた。これは道ならぬ恋だったのだ。

折も折、浮舟のもとへやってきた匂宮と薫の使者が偶然鉢合わせることになり、とうと

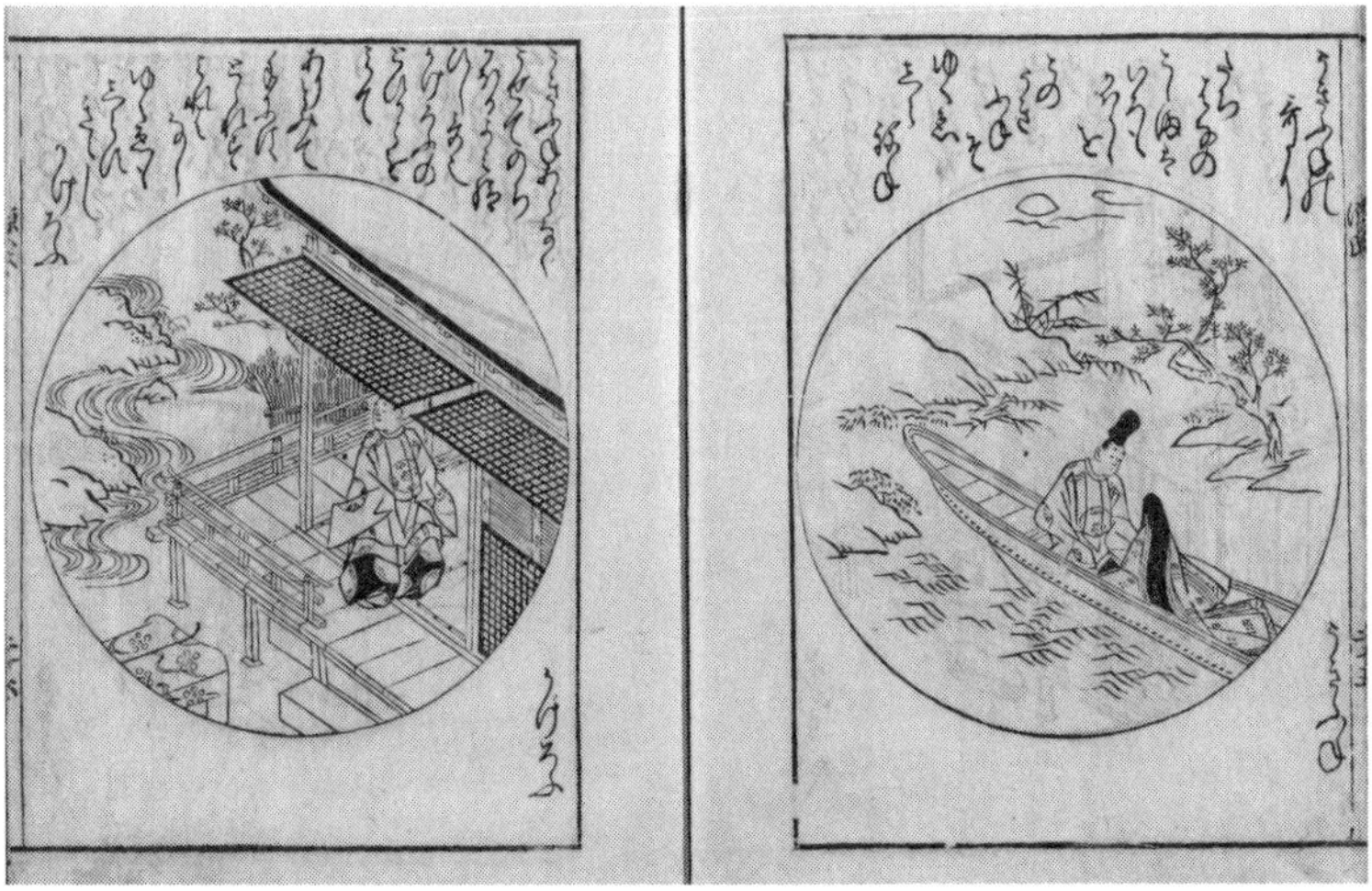

浮舟と匂宮の図（右）薫の図（左）
菱河師宣画『源氏大和絵鑑』貞享二年刊（国立国会図書館蔵）

う薫に匂宮との関係が知れてしまった。薫はふたりの関係をなじる歌を浮舟に送る。

「この手紙は宛先が違うのでは」

考えたあげく、シラを切る浮舟だった。薫は、愛想をつかすどころかますます浮舟という女に夢中になった。しかしそれとても彼女には重荷だった。薫は匂宮を寄せ付けないよう、浮舟のまわりの警護をあつくする。

追いつめられた女は宇治川のほとりに立った。

（そして本章冒頭の場面へ至る）

「人形《ひとがた》」を捨てて、仏の道に入る

そのころ、まことに尊い僧がいた。名は伝わらぬが横川《よかわ》（比叡山《ひえいざん》）の僧都《そうず》だったそうだ。この僧には、八十歳を過ぎた母と五十歳くらいの妹がいた。どちらも尼である。僧都の母尼と妹尼は、初瀬詣《はせもう》でに行って帰る途中、母尼の具合が悪くなったので、きゅうきょ宇治のあたりで休むことにした。

僧都のほうは山籠《やまご》もりの修行中であったが、母尼の命が危《あや》ういことを聞きおよび、急ぎ比叡山を下った。僧都たち一行は、しばし母尼を看病できる場所をさがしていた。松明《たいまつ》の明かりをたよりに、荒れた宇治院の裏の森をさまよう。そのとき、うなされている謎の女を見つけたのだった。他の僧が物の怪かもしれないと尻込みするなか、僧都は毅然と女を助けるよう指図した。僧都たちはひそかに女を連れて帰り、母尼とは別に様子を見ていた。

僧都たちが謎の女の話をしているのを、妹尼はかたわらで聞いていた。どうしてもその女に会ってみたい、と妹尼は僧都に願い出る。妹尼が女に会ってみると、まるで亡くなった自分の娘のようだった。この妹尼は、数年まえに亡くなった娘のために出家したのであった。

妹尼は語った。じつは初瀬詣でにいったおり、夢のお告げがあったのだ、と。お告げのとおり私の娘が再来したのだ。そう言って妹尼は喜び、女の手をにぎったまま離さない。僧都は比叡山に帰り、妹尼は母尼やほかの尼たちと住んでいる小野の庵室にその女を連れていった。小野の庵は、比叡山までの道の途上にあった。妹尼はそこで、明け暮れとなく女の世話を焼いた。おかげで女は命を取り留めたが、どこのだれかを尋ねても応えない。

しかし彼女は自分が何者であるか、わかっていた。入水して死に損ねた女だ。

それにしても老尼だらけのところに、浮舟はあまりに美しかった。とくに身分がわからないと麗質さが、さらに増すようであった。

そのうち妹尼の亡くなった娘の婿で、いまは中将となった男が挨拶がてら立ち寄ったのをきっかけに、浮舟に興味を持つようになった。浮舟のために何度か訪問しては、歌も詠んでくるが、浮舟はもちろん興味はない。妹尼のほうは浮舟の世捨てた態度を、

「まだお若いのにそんなことでどうするのですか?」

などと母親のように言ってくる。やがて妹尼たちが初瀬詣でに出て不在にしている月夜、男はやってきた。浮舟は一計を案じて、そっと室を出た。僧都の母尼たち、老尼のいる部屋に隠れて一夜をやり過ごす。

浮舟の、こうしたかたくなな態度に対して、まわりの尼は、冷たいだの、こころが浅いだの、世間知らずだの好き勝手なことをいう。

しかし浮舟はわかっていた。いちど男に返答しようものなら、それがつれないものであっても、そこからやりとりがはじまってしまう。いずれにしても、放ってはくれない。かといって男に返答をしないことさえ、周囲に悪《あ》しざまにいわれる。

あまりの居心地の悪さに、出家への思いがいよいよまさっていたところ、折よく僧都が庵室へやってきた。急に宮中へ参上する用事ができたためだった。

そのまま母尼の部屋にかくまってもらい、僧都が母尼の見舞いにきたところ、じかに僧都に出家の嘆願をした。僧都は言った。

「あなたは、まだまだお若い。思い立って出家しても女の身は、まことに多難ですぞ」

浮舟はここぞとばかりに、取り乱しながらも懇願した。

「幼いころから、いつも、あれこれと苦労しなければ生きてこられませんでした。分別のつく年頃になってからは他の人の真似などせずに、来世のことだけを考えていたいと思っていたのです。わたしには、死が、ちらちらと近づいて……どうか、どうか尼にさせてください」

僧都は、ぐっと考え込んだ（わからぬ。どうしてそれほどまでにご自分がお嫌なのか……）。

しかし考えをあらためて言った。

「これまでのいきさつはどうあれ、仏の教えからすれば、そのこころばえ、褒められるべきことですな。法師の立場で反対するようなことではございません。よろしいでしょう。ならば、今回の急ぎの用を済ませてからにいたしましょう」

浮舟は慌てた。妹尼一行が帰ってくれば、反対されてしまうに決まっている。僧都にとりすがるように言った。

「いぜんから具合が悪いところを、日に日に悪くなっていくようで苦しいのです。このままさらに悪くなりましたら……いま出家しなくてどうして命を永らえられましょう」

出家をすれば、延命につながる。たしかに浮舟の言葉は理にかなっていた。あまりに理にかないすぎて、そらぞらしいほどだった。それがかえって僧都のこころを打った。

「ぜひ、今日のうちに」

浮舟はそう言って大きな両の眼から涙を流す。

「……もう、だいぶ夜も更けたのでしょうね」

僧都はしみじみと語りかけた。

「むかしは私も山を下りることなど、なんでもなかったのですがね、歳なんでしょうね。宮中へあがるには、少し休んでからにしたいと思うようになりました。それほどお急ぎになるのでしたら、今日のところは私がここに留まり、お望みどおりにして差し上げましょう」

浮舟は、はじめて晴れやかな表情を浮かべた。取り急ぎ道具をととのえる。

出家の際に唱える偈文《げもん》を読んだ。

流転三界中《るてんさんがいちゅう》　三界の中を流転し

恩愛不能断《おんあいふのうだん》　恩愛は断つこと能《あた》わざれども
棄恩入無為《きおんにゅうむい》　恩を捨てて無為に入るは
真実報恩者《しんじつほうおんしゃ》　まことに恩に報《むく》ゆる者なり

（愛を断って、仏の愛に生きる……）浮舟はこの偈文にただただこころ打たれた。庵室に残った尼がようやく浮舟を見つけ、僧都たちの様子をみて、おどろいた。

「なにをなさっておられます。これでは私が妹尼さまから怒られてしまいます」

僧都は尼を制した。

「受戒を途中でやめることはできない」

額髪を削いで僧都は言った。

「これほどのご器量を、尼になってお捨てになるのを後悔なさらぬように」

このとき浮舟は、自分のこの器量こそ捨ててもよいものであったことを合点した。何もかも忘れて、自分が何者であるかをも捨てる。

浮舟は、こころから安堵した。

尼のゆくえを追う男

薫は浮舟の消息にかんする噂を聞きつけた。横川へおもむき、僧都をたずねる。わざわざ権大納言兼右大将である薫がやってきたことで、僧たちは大騒ぎだった。僧都が薫と世間話をしていると、やがて薫は小野の庵のことについて尋ねはじめた。

「僧都の小野の庵に、わたしが面倒をみようと思っていた女が身を隠していると耳にいたしました。もしそうなら、女はまだ歳も若く、親もあるひとです。まるでわたしが死なせたかのようにいうひともいらっしゃいましてね。その女が出家してしまった、というのは、まことですか?」

僧都は胸中に、これまでの浮舟の様子が去来した。(あの女人、どうも仔細がありそうな気がした)、僧都は薫に、ありのまま話すことにした。浮舟が死んだものと思っていた薫は、あまりのことに涙ぐんだ。その涙をみた僧都は言った。

「たいへん高貴な女性《にょしょう》とお見受けいたしました」

「さる皇族のお血筋ではあります……私も、正式な妻に迎えるつもりはありませんでしたが、世話をしようと思っていました。ただ、いまは出家して罪障《ざいしょう》の軽い身になったということなら、いいのです、わたしは……ただ、あの者の母にあたる人が大変嘆き悲しんでおられましてね。不都合がおありかと思いますが、私をその尼のもとまで案内してくださいませんか。そのひとが身を隠した日いらいのことなど、せめてお話しできればと思うのですが……」

僧都はじっと薫を見ていた。(出家した尼に男を案内することになる)、たとえ相手がどんなに高貴な立場であっても、その頼みはきけない。それにいくらあの女人が凡俗の世界を捨てて出家したとはいえ、男に会わせるとは。女の身としたら、それはどうであろうか……彼女の出家を助けた法師の身としては辛い。

「今日、明日というのは差支えがございます。また月が変わったころ、ご意向のお話しなどさせていただきたく思います」

こうして僧都は、その場をおさめた。

ふたたび薫は僧都のもとへやってきた。まだあどけなさが残る少年を連れている。浮舟の異父弟であった。薫は僧都に頼んで言った。

「この者は例の女人の身内の者なので、この者に文を届けさせようと思っております。お手数ですが、ここに一筆お書きくださいませんか。ただ、あなたを尋ねたいひとがいる、というようなことをお書きいただければ、と思います」

僧都は憤る思いを抑えながら応えた。

「わたくしがそれをいたしましては、罪をつくることになりましょう。こちらがお話しできることは、あなた様には、すべてお話しいたしました。あとは、あなた様ごじしんでお立ち寄りなさっては、いかがかと。なんの不都合もないかと存じます」

薫は笑った。

「罪をつくるなどと。このわたし、俗の姿をしておりますが、むかしから出家したいと思って生きておるのですよ。私が出家してしまったらひとり残る母が生きていくことが大変だろうと思いましてね、致し方なく世の中とかかわっているのです。お疑いなさらないでください。ただ、その女人の母親が思っていることなど事情をききながらお話することができれば、と」

僧都はじっと考えて言った。

「……それならば、文を書きましょう」

僧都はしたためた文を、薫の連れて来た少年に手渡した。その子は、大変うつくしい顔立ちをしていた。僧都は眼を細めて少年に声をかけた。

「あなたとわたしには、深いご縁があるように思います」

少年は両の手でしっかりと文を持つと、僧都の言葉に口をきりりと結んでうなずいた。


その日、朝早く少年が小野の庵室をたずねてきた。少年は、昨日薫が連れていた者であった。名を小君《こぎみ》という。妹尼は、にこにことして幼い使者の労をねぎらった。小君は浮舟宛ての文を二通持っていた。薫からの文と、そこに添えられた僧都の文と。妹尼は御簾を隔てた奥で息をひそめている浮舟に、それらを見せた。

まず僧都の文からひらきみる。

「大将殿があなたのことをお尋ねになったので、わたくしはこれまでのいきさつをお話しいたしました。大将殿が、あなたを深く愛していたにもかかわらず、あなたは粗末な庵で出家してしまわれたのですね。かえって仏の責めを受けるべきことをなさったのだと、わたくしは驚いております」

浮舟は、はたと考えた。世の中には、円満な出家というものがあるのだろうか……。

「しかし、それはもう致し方ありません。一日でも出家を果たした功徳《くどく》は、計り知れないものといいます。ひとには天分がございます。望んでも得られぬものがございます。あなたさまには、あなたさまの生まれながらのご縁があるものと存じます。これまでのことはこれまでとして、あなたさまのご縁と違《たが》うことのないよう、また大将殿の愛執の罪が消えるよう、お取り計らいなさったらいかがでしょう」

僧都は浮舟をみていて、一点解せないところがあった。どうしてあれほど自分じしんを拒むのか……そこに大将殿の恩愛があて嵌まる余地はないのか。

いっぽうの浮舟は考えていた——あのわたしは、こころもろとも宇治川に捨ててきた。そこからすくいとってくれたのは、まさに仏の愛だった。雨の中で聞いた、あの日の声の主は、もはやだれであってもいい。いまのわたしも何者でもない。愛執の罪というものがあるのなら、それは仏の愛に生きてこそ消えるものではないか。

（おやさしいのですね、僧都さま）、生来、父親というものとは縁が薄かった。そのせいか僧都の言葉が身に沁みる。いや、縁というなら、これこそ我が縁ではないか。

終始無言を貫く浮舟に、妹尼は薫からの文をひらきみせた。薫の文は、いぜんのそれとおなじ筆跡で、香の薫りもよく沁みていた。

「何とも申し上げられないほど、あなたはさまざまな罪作りなことをなさいましたね。それは僧都に免じてお許ししましょう。今は、あなたがいなくなったときのことなどお話ししたいと思っております。この気持ちがこころ苦しく、あなたの形見と思って、この文を預けた小君をそばに置いているのです」

浮舟は小さく妹尼に告げた。

「わたしは自分が、いまだに何者であったのかも思い出せません。それでも、これは人違いの文だと思います。宛先が違うのでは」

手紙を押しやる。あとは姿を背けて、さりげなく衣で顔を隠した。

「なんとまあ……どうお返事したらよいものか……」

妹尼があれこれととりなすが、浮舟はもう顔をあげない。妹尼は、小君ががっかりしないよう、

「あのお方は、ご気分が悪いことがたくさんあって、いまもお話しできる状態じゃないようなのです。また、お話しできるようになったらお伝えしておきますからね」

と小君に伝えるが、ごまかされる小君でもない。（大将殿が私にこっそり教えてくれたのだ。ここにいるのはお姉さまだ）。薫は小君を使者にするにあたり、じつはここに浮舟がおり、今それを明かすと身内が喜び騒ぐだろうから、決して他言してはならない、と堅く約束させていたのだった。

尼たちの見守るなか、小君の不安と落胆のまじった表情が憐れであった。（お姉さまなら、会ってくれるはず）、そう信じている小君の、思いつめたような頑固そうな眉宇《びう》は、いきさつを知らない尼たちにさえ、何がしかの気持ちが伝わるものがあった。

この様子をみた妹尼は胸もつぶれんばかりの気持ちで、小君の言葉も様子もそのまま浮舟に伝えたが、もう顔も見せず返事もない。

小君は泣く泣く帰っていった。ことの報告を薫にする。薫は表情をとりつくろってはいたが、打ちのめされた気持ちは隠せなかった。乱れるこころのなかで、ほかに男がいるのではないか、

とうっすら思っていた。

小野の庵に夕日がさしている。浮舟は暮れる夕日に手を合わせていた——母に会いたい、弟にも会いたい。でもそのほかに、もはや会いたいと思うひとはいない。

つくづく、自分ひとりではどうにもならない縁だった……（わたしはここで、仏の愛を生かしていきたい）。ただひとつのこころ残りは、俗世と世外の区別のつかない弟が、今日は可哀そうであった。

それとて、わたしの選んだ道の意味がわかる日がくるかもしれない。来ないかもしれない。今はただ、憐れで憐れで仕方がないが、いつか、みほとけのめぐり合わせのままに——。

浮舟と横川の僧都

以上が浮舟の物語となる。冒頭にも述べたように、おなじ『源氏物語』であっても光源氏の動向が中心となる物語と、浮舟の出家に至る顚末を描く末尾部分とは、だいぶ差がある。

前者では出家する女性が多く登場するとはいえ、あくまでみやびやかな光源氏の活動が物語の核になっている。

いっぽう後者では、浮舟というさほど身分も高くなく、鄙《ひな》育ちを余儀なくされた女性に、薫と匂宮が翻弄され、また彼女じしんも両者に翻弄されてゆく。もちろん薫も匂宮も、都にそれぞれ妻を持っている。浮舟の物語の中心は、もはや宮中でも都でもない。都を離れた宇治なのだ。

「宇治十帖」とよばれるゆえんである。

光源氏がもっとも愛した紫の上は、彼と離れて暮らすことを許されなかった。そのため彼女じしんが望んでいたにもかかわらず、ついに死ぬまで出家することがかなわなかった。対して浮舟は薫が用意した住まいを、宇治川に身を投じることで離れ、ついにはみずからの意志で出家を果たす。

薫は仏教や芸術に造詣が深く、男女の付き合いも好まない大君《おおいぎみ》の面影を慕っていた。大君亡きあとにはその「人形」を作ろうとし、その人形の代わりとして、顔のよく似た浮舟を選ぶ。浮舟の物語は、大君の人形としての自分を宇治川に投げ捨てようとしたものとして理解できる。

他方で薫は、今度は浮舟の面影に苦しみ、執着することになる。これもあらたな「人形」といえるだろう。


法《のり》の師とたづぬる道をしるべにて思はぬ山にふみまどふかな

小君に持たせた浮舟宛ての文に書かれていた薫の歌である。

僧都を仏法の師と思いこの山まで訪ねてきました。なのに思いがけず男女の道に迷い込んでいます、と。

ちなみにこれが『源氏物語』中、さいごの歌となる。彼女の壮絶な出家のさまとは対照的に、薫の歌はどうにものんびりとした印象がある。

薫という人物は『源氏物語』では、仏がいっときの宿りにこの世にあらわれたようにすばらしく、身体からは生まれつき不思議な尊い香りがそなわっていたと語られている。しかしながら、さきにもふれたとおり、横川の僧都が浮舟に宛てた手紙の中には「薫の愛執の罪を消してやってはどうか」と書かれていた。「愛執の罪」は『源氏物語』の原文にあるとおりの語である。薫は理想化された登場人物のように見えて、じっさいのところは大君の死後も、出家した浮舟を追うさまも、「愛執の罪」にまみれた人であった。

それに比べて薫と匂宮とのあいだで揺れ動いていた浮舟は、物語に登場した時点では世間的にも仏教的にも必ずしも好ましくない存在であった。けれども最終的に浮舟は身内との恩愛すらも断ち、出家の意志を全うする女人となる。

このように物語の展開につれて、理想的な存在であった薫は「愛執の罪」にはまり込み、他方で浮舟は「愛執の罪」をはなれて出家に至るのだ。

紫式部と源信

浮舟の物語の後半は、主に小野の庵が舞台となる。そこに出入りする横川の僧都だが、山籠もりの修行の途中、高齢の母の命を心配して、すぐに山を下りて見舞いにやってきたという。僧都には、ともに出家した母と妹がいた……この人物に既視感はないだろうか。

ここに登場する横川の僧都とは、本書第三章にも登場する横川僧都《よかわそうず》こと源信をモデルに描かれている可能性が高い。このことは四辻善成『河海抄』など中世期の『源氏物語』の古注釈書でも指摘があり、『源氏物語』の著者紫式部と源信とは同時代を生きた人でもあった。

母尼の具合が悪いために山籠もりを止めて母のもとへやってくるというエピソードも、本書第三章でとりあげた『今昔物語集』に伝えられる源信母子の逸話と似通っている。その意味では「宇治十帖」後半は、源信を登場させた二次創作のような側面も持つ。

五十四帖という長さを持つ『源氏物語』は、『往生要集』の著者源信を思わせる僧都を登場させながら、浮舟という女人の出家によって締めくくられる「宇治十帖」で収束してゆくのであった。

第十一章
慧春尼《えしゅんに》の物語――花のかんばせを焼く

兄と妹

容姿端麗で物静か。その少女には誰もが期待を寄せた。なんと可愛らしいのだろう、どれほど愛らしい声をしているのだろう――そしてどんな媚を売るのだろうか……、と。

しかし少女が一言話し出せば、場は一転、沈むような低い声で辛辣な物言いを重ねる。少女は、なまじ名家の生まれであっただけに教養深く、またその鼻っ柱を折る者もいなかった。家族から溺愛され、とくに兄以外に対する態度は極端に素気ない。ゆるゆるとして音も立てないその所作は、歳に不相応な威厳すら感じさせるほどであった。

ときは南北朝時代末から室町時代の中ごろ。少女の生年についてはつまびらかでないが、その兄の生年は明らかである。兄のほうは、のちに曹洞宗の僧侶となった。相模にある大雄山最乗寺《だいゆうざんさいじょうじ》を開創した人物、了庵慧明《りょうあんえみょう》である。妹ものちに出家し、慧春《えしゅん》といった。俗名は伝えられていない。

兄弟といっても、歳はかなり離れていた。

了庵は建武四年に生まれた。相模の国、糟谷の産で俗姓を藤原といった。慧春は幼いころから兄のあとを追っていた。兄が遊び相手であった。兄は、書物が遊び相手だった。妹の請いに応じて遊び相手になってやるが、遊びはしぜん、学問や詩歌、管弦の話に及んだ。物静かといえば、兄のほうこそ言葉すくなで端正な人物であった。書物を良く読み、筆のあとも美しかった。

了庵はまたいっぷう変わった人物であった。ただ学問をするだけでなく、少年の頃より弁舌さわやかな秀才であった。了庵は学んだことを慧春に教えたがった。しぜん慧春は了庵を師として、行儀作法から学問までも習うようになった。

やがて了庵は忽然と諸国行脚の旅に出た。了庵の両親は、ながいあいだ一族の当主として了庵に期待していたが、ついに彼は出奔してしまった。歳も、二十歳をとうに過ぎたころだった。

彼は、市井のひとびとを見て回った。ひとの様相をよく眺めていた。そのなかで了庵のこころを打ったのは禅僧の生き方だった。

了庵は、かねてより憧れていた鎌倉五山のひとつ、円覚寺に足を向けた。そして不聞契聞《ふもんかいもん》のもとで修行することを許された。不聞契聞は元《げん》に渡って学び、そこで獄舎に繋がれたこともある。知識といい、その実践といい、躍動する教えがそこにあった。そこで学ぶ了庵の才も抜きん出ていた。

ところがしばらくすると、了庵は嚢ひとつ持って、ふたたび忽然と発ってしまった。諸国の禅僧をたずね、破れた草履に血をにじませる日々を送った。ゆく先々で出会った禅僧たちの修行のさまは、まさに命のやりとりであった。了庵のこころは打ち震えた。流浪のすえ、了庵は丹波の永沢寺《ようたくじ》、通幻寂霊《つうげんじゃくれい》に教えを乞うた。通幻寂霊の修行は容赦なく、峻厳な問答をともなうものだった。未熟な応じ方をすると、通幻は即座に活埋杭《かつまいきょう》とよぶ穴に僧たちを突き落とした。了庵は器の水をうつすように師から学び、師の教えを継いで、通幻十哲《じってつ》と呼ばれるまでにいたった。通幻がひらいた寺々の住持をつとめたあと、じしんは応永元年、郷里の相模の国南足柄に大雄山最乗寺をひらいた。すでに初老に近かった。

ほのおに託すこころざし

ある雪の暮れ、最乗寺の門前では、門弟たちが騒ぎを起こしていた。雪の中をひとりの女人がやってきたのだった。

身なりは悪くない。悠々と笠を取り、濡れた衣を払う。門弟たちは女人のすがたを見つけるなり、口々に叫んだ。

「帰れ、何をしに来た」

「だれじゃ」

「女人は去れ、去れ」

「ここは寺じゃ。狂人か?」

女人は鋭く彼らを見回した。

「了庵どのの妹、慧春じゃ。取り継がねば押し入る。どうじゃ、触れられまい。ははは」

美しい顔が鬼のような形相で高笑いしている。それもまた美しい。了庵の弟子たちは絶句したまま、立ち止まってしまった。慧春は返事を待たずに寺のなかに押し入った。仕方なく年嵩の僧が慧春を案内する。了庵は自坊にいた。細々と焚かれた囲炉裏《いろり》の火を眺めているようだった。了庵は眼をあげずに言った。

「しばらくぶりだな、慧春」

はたして、何十年ぶりの再会であろうか。二十年ぶりか、いやそれ以上か……了庵は何気ない顔で応じてみせるが、慧春に何か思案があるに違いない、内心はそう思っていた。とうに俗世は捨てた身である。よもや身内が追ってくるとも思わない。見ると、囲炉裏を挟んで端座する慧春の顔にも、兄の胸中を計ったような微笑が浮かんでいる。

「兄じゃこそ。つい、このあいだまで諸国行脚なさっておられたそうな。やっと落ち着いてくれたようだからの、こうして出向いてきた」

了庵の落ちこけた頬が、囲炉裏の火にくっきりと照らされて陰を落とす。

「面白いことを言う。わたしはもう、屋敷には戻らん。寺が居場所だからな。そなたこそ、落ち着いていたのか?」

了庵は、心配そうな顔でふたりに茶を運んできた弟子からそれを受けとると、人払いをした。慧春はそれを見送ってから、

「俗に処する意はない」

と素気なく応えた。じっさい慧春は独り身で過ごし、三十を過ぎていた。

「これまで書物三昧だったがの、兄じゃがおらんので、つまらんかったワ」

投げ捨てるように言った。あるとき、慧春がこよなく慕っていた兄が文だけのこして出奔した。出家を願う意がしたためられていた文だった。兄への尊崇はさらに増した。身を清め、端座して兄が残した書物に読み耽り、ひとりでも道心堅固《どうしんけんご》な日々を送っていたのだった。

慧春は口端をつりあげた。彼女が嬉しいときに浮かべる笑みだった。変わっていない。了庵は少し安堵して言った。

「書物に頼るうちは、学んだことにはならぬぞ」

慧春は笑みを含んで赤い唇を、ふ、と動かした。

「弟子にさせていただけまいか」

微笑は消えていた。兄がどんな顔をするかまで、しっかと見つめている。（そうか、尼か……）、了庵は表情を変えず慧春を見つめ返した。

諸国行脚のさきで尼寺はかずかずあった。教養深い尼によってひらかれた名だたる尼寺もある。すぐれた尼になりたいのであれば、どこでもよい。（しかし……慧春は、それであろうか）、了庵は沈思した。了庵はもういちど、まじまじと慧春の顔を見た。慧春はじっと了庵を見据えてまばたきもしない。息すらしていないように思われた。

了庵は、あらためてじぶんが兄であることを忘れて慧春を眺めると、口をひらいた。

「ならぬ。そなたは美し過ぎる。それに出家というものは、道心堅固に努めるものだ。女や子どもにできることではない。かんたんに女人を受け入れたがために、風紀が乱れ、法門の辱めとなった例は数かぎりがない」

慧春は了庵の言葉に動じることもなく、ただ眼を落とした。囲炉裏の火がチロチロと燃えている。了庵は、しずかに茶を口に運んだ。と、慧春は囲炉裏端にあった火箸をやおら握りしめると、おのれの白い頬に縦に押し当てた。焼け焦げる音がする。了庵は眼を細めた。

慧春は火箸を頬からやっと離した。血がにじんでいる。火箸を囲炉裏の灰のなかに無造作に突き刺した。一瞬あって、ふたたび火箸を握りしめると、こんどはそれを横にして頬に押し付けた。そのまま口をひらいて言った。

「どうか、御弟子にさせていただきたく存じます」

低くうめく慧春の顔は、それでもうすら笑っているように見えた。了庵は、旅の途上で聞いた、ある書物の一節を思い出していた。


修行阿耨多羅三藐三菩提《あのくたらさんみゃくさんぼだい》の時節には、導師を得《う》ること最《もと》もかたし。その導師は、男女等《なんにょとう》の相《そう》にあらず、大丈夫《だいぢやうふ》なるべし、恁麼人《いんもじん》なるべし。古今人《ここんじん》にあらず、野狐精《やこぜい》にして善知識ならん。


仏道の修行に際して、良き導きの師を得るのはたいへん難しい。師は男か女かは関係ない。堅固に精進する者、まことに悟りうる者でなければならない。昔の人か、今の人かも問わない。たとえ、けものであっても導きの師となりうる。

了庵は、うなづいていた。慧春は、兄のもとで修行を積むことを許された。慧春は勇猛参禅し、その鋭さにますます磨きがかかっていった。もはや一山の衆は、だれも慧春にかなわなかった。

花ひらく禅機《ぜんき》

あるとき、了庵は慧春につぎのように問うた。

「ある僧が巴陵《はりょう》に尋ねた。祖意と教意と、これは同じか別か。巴陵は答えて言った。鶏は寒くして樹に上り、鴨は寒くして水に下ると。さて請う、尼一転語《あまいってんご》せよ」

巴陵は中国の五代から宋代にかけての禅僧である。この巴陵はある僧から問われた。坐禅に依る禅の教えと、経典に依るその他の仏の教えとはおなじなのか、別なのか。巴陵はつぎのように応えた。鶏が寒いときに樹木に上るように、鴨は寒いときに水で暖を取るように、禅のありかた（祖意）と経典の内容（教意）はそれぞれが違ったありかたのように見えて、どちらもごくしぜんに仏の教えの実践にほかならないのだ、と。この問答を踏まえて、了庵は慧春に、尼よ、あなたただったらどう応えるか、と問うたのであった。

慧春はすぐさま応えた。

「賢臣は二君に仕えず、貞女は両夫にまみえず」

祖意も教意もどちらも変わりはしない。仏道にふた通り（二君・両夫）のあり方があるわけではない。それらはもともとひとつなのだ、と。

了庵は眼を細めた。やがて慧春は印可《いんか》を得るにいたった。

あるとき、最乗寺から円覚寺へ使僧を出す用があった。ところが高徳の僧が並び居るという円覚寺には、だれも足を運びたがらない。いつ、どこから問答がはじまるかわからない。度胸も知力も試される。ふだん居丈高にかまえている僧ほど、尻込みした。

堂内に僧たちを集めた了庵は、ふと慧春と眼が合った。口元で小さく慧春が笑う。使僧の任は慧春に決まった。

慧春はさっそく円覚寺へと向かった。龍象ひしめく円覚寺へゆけるとあっては意気も揚々、しぜん足取りもかるかった。

（ようやく、着いたか……）感慨もひとしおであった。しずしずと段を登ってゆく。するとうえからひとりの老僧が段をくだってやってきた。かげのように音もなくやってくる。小さな声で何かを唱えているようであった。数珠のかかる手も節くれだって日焼けしている。見るからに修行の年季が思われた。

しかし慧春は、かの僧につねならぬ殺気をかんじていた。慧春はおのれを消す境地で淡々と足を運ぶ。

と、すれ違いざま僧は、急につんざくような大声で叫んだ。

「老僧が物三尺」

僧が衣をはだけると、すでに屹立した陰茎が天を向いている。老僧はそれを悠々と片手でつつみ、慧春の顔へ向けて照準を合わせた。僧の逸物は三尺ある、と言っているわけだが、じっさいに三尺〈一メートル弱〉ということはない。（男僧というものは、天を衝く境地にいたるモノを持っているとでもいいたいのだろうか）、こう解釈した慧春は、とっさに階《きざはし》の上の段に白い足を

かけ、勢いよく衣をたくしあげると、

「尼が物、底なし」

と応じて、みずからの扉を指でくつろげて見せた。丹田からまっすぐ射貫くような声は、むしろ荘厳でさえあった。呆気にとられる老僧を後目《しりめ》に、取り澄ました顔で、ふたたび階をあがる。高くそびえる雲の向こうに青空が広がっていた。爽快であった。この様子を隠れ見ていた周囲の僧たちは動揺し、ある者は尼の豪胆さに感服した。

やがて慧春は円覚寺堂内へ通され、すすめられるまま座に着いた。円覚寺の堂頭和尚は、慧春の労をねぎらった。堂頭和尚は侍者に命じた。

「ここに茶を点じて持ってきなさい」

しばらくすると、侍者は茶を運んできたようだった。けれども右に左に歩みを止めながら、どうにも危なっかしい。慧春は、こころで小さく笑った。（これは異《い》なこと……）侍者が抱え持っているのは、茶のうつわというより、あきらかに手を洗う盥《たらい》である。（それを、どうするというのだ）、慧春のまえに置いた。見るとたしかに茶は入っている。

慧春はふくよかな唇に微笑を浮かべた。かるく頭を下げつつ、たらいを堂頭和尚のまえにまわし置いて言った。

「これは、これは。和尚がふだんお使いになっている底深い茶盞《ちゃさん》ではございますまいか。さあ、和尚。いかがお召し上がりになるのでしょう。拝見いたしとうございます」

和尚は、ついに一言も返すことができなかった。万事こんなふうだったから、慧春は瞬く間に名をあげた。かつて、みずから花のかんばせに火箸を縦横にあてて、その形を無きものにしようとしたが、その容貌すら、なおいっそう人のこころを摑んだ。

ここにひとり、慧春にこころ奪われた僧がいた。あってはならないことだが、なおその想いを断つことができない。

ついに、彼は決心した。慧春と思い合う仲になりたい。いや、それだけでなく身体で通じ合いたい。そうでなければ修行もできない、飯すら喉を通らない。

僧は、ひとり柴を拾う慧春に、こっそりと想いを打ち明けた。

「わたしをさぞかし愚か者だとお思いでしょう。それでも、どうかわたしの気持ちをおわかりいただきたい」

慧春が怒り出すのではないか、僧はそう思ってびくびくしていた。けれども慧春はうつくしい眼でじっと僧を眺めたあと、

「たやすいことです」

と応えた。僧は天にも昇る心地だった。慧春はつづけた。

「しかしながら、あなたもわたしも出家という立場です。あなたのお望みのことをなすには、場所が悪いと思いませんか」

あの慧春がこんな言葉を言うとは――しかも、なんと涼やかな響きだろう……僧はなんどもなんどもうなずいては、目尻ににじむ嬉し涙を拭って言った。

「わたしの願いがかなうなら、たとえ火のなかだろうが水のなかだろうが、かまいやしません」

それから少し経った日のこと。了庵の説法を聴聞するため、すぐれた僧らが最乗寺に雲集したことがあった。遠方からやってきた僧たちも居並び、了庵がくるのを待っている。そこへ、了庵がやってきた。香りただよう法衣に、厳かな裾裁きの音を響かせ席に着く。いま、まさに功徳ある説法がはじまろうとするとき。

どよめきが起きた。慧春である。一糸まとわぬすがたで中央にやってきた。あまりの堂々たるふるまいに、僧たちは声を失った。白くひきしまった乳房は天を仰ぎ、くびれた腰骨や小さく縦にのびた臍は、輝きを放つような魅力を湛えている。丸みを帯びた尻からしなやかに伸びる大腿部は、女鹿さながらであった。

慧春はひとびとのまえに出ると、例の僧の名を高々と何度も呼んだ。

「さあ、まえにお約束した、契りというものを交わしましょう。どこででもよいとおっしゃっていたので、今日、いま、ここで」

慧春はなんども、高らかに例の僧の名を呼んだ。

「さあ、どちらにおわしますのか？　いざ、こちらへ」

ほっそりとしたゆびさきで、いざなうように手のひらを差し伸ばした。表情のない顔にうっすら笑みが浮かぶ。了庵の無言のとりなしによって、弟子たちがその場はおさめたが、例の僧はそれ以後、行方知れずになったという。

こんなふうだったから、慧春のふるまいは、しばしばひとびとの話題をさらった。慧春は、しばらくして最乗寺近くに庵を結んだ。庵の名は摂取庵にした。そこで慧春は往来をゆくひとびとや、出家を願い出る女人を教え導いた。慧春の容顔を慕ってやってくるひとびとも多かったが、慧春は、ときに彼らの虚を突き、ときに優しく笑いかけて、さいごには教え諭すにいたった。

さいごの問答

慧春が火定《かじょう》に入ったのは突然のことだった。応永十五年、つよい陽射しに木々の緑も耀《かがよ》う日だった。慧春の弟子たちは最乗寺の山門まえの盤石のうえに、やおら柴の薪を積みはじめた。了庵が聞いて駆けつけると、すでに柴棚のなかに端座した慧春がいる。なかの慧春はもう出られない。

「なにをする、慧春」

慧春の穏やかな声がした。

「なにをするもない。この身を浄めるまで」

言い終わるとみずから火をつけた。くすぶる煙、やがて火の手があがる。唖然とする了庵の眼のまえで、瞬く間に火が燃え広がった。衆徒たちは合掌し、固唾を飲んで見守っている。

「尼よ、熱いか」

やっとの思いで口をひらいた。

「冷熱《れいねつ》は、生道人《なまどうじん》の知るところではない」

いつもの慧春の声がした。(冷たいの熱いのなどは、なま悟りの者の知るところでない。そうであろう? 兄じゃ)、ふくよかな唇で微笑しているさまが見えるようだった。

雪の日、了庵を訪ねてきた慧春のすがたが思い出された。囲炉裏には、火がチロチロと燃えていた。

了庵は眼を閉じることを忘れて、しかしようやく手を合わせることができた。

慧春の遺骨は摂取庵のほか、おなじく慧春の庵であった正寿庵、慈眼庵におさめられたといわれる。いまでも最乗寺内の慧春谷というところには、慧春が火定したおりに山門前にあった火定石があり、信仰に生きるひとびとのこころを支えている。

最乗寺にある慧春尼の火定のあと
『大雄山誌』（最乗寺、一九六一）より

ブックガイド　慧春尼（生年未詳～一四〇八）。室町時代の曹洞宗の尼僧。相模の国粕谷の生まれ。尼の事跡を伝えるものに一七一七年刊『重続日域洞上諸祖伝』巻二「摂取菴慧春道人伝」、一六八三年刊『経山独庵叟護法集』巻十一「相州摂取菴慧春大師伝」や曹洞宗尼僧史編纂会『曹洞宗尼僧史』（曹洞宗尼僧団本部、一九五五）、松田文雄『大雄山と御開山さま』（大雄山最乗寺、一九八四）などがあります。本篇は上記の文献に基づいて創作しました。なお文中の引用は鎌倉時代の僧侶で日本の曹洞宗の開祖、道元（一二〇〇～一二五三）の著作『正法眼蔵』第二十八「礼拝得髄《らいはいとくずい》」に拠ります。

第十二章

大石順教《おおいしじゅんきょう》——いい湯だな、自分の家のお風呂は

明治後期の大阪、幼い頃から踊りの名手として知られた少女がいた。その少女が十二歳の頃、すでに十五人の弟子があったという。少女はあちこちとよく教えて回っていた。あるとき少女が稽古をつけていると、五十がらみの男が話しかけてきた。

「どうしてそんなに熱心に教えているんだい？」

男は土地の技芸委員長を務める人物で、踊りの師匠もつとめていた。

「日本一の踊りの師匠になりたいのです」

少女は利発にも、そう応《こた》えた。男はこころ動かされた。少女の踊りへの健全な自信と新鮮な野心、そこに至純な一途さが見えた気がした。男は言った。

「よし、それならわたしがおまえさんの踊りの師匠になろう」

少女のなまえは大石よね。よねは一八八八（明治二十一）年、大阪に生まれた。男はおなじ大阪の、堀江遊郭で山梅楼《やまうめろう》という店を営んでいた。その家の養女となったよねは、妻吉《つまきち》と名乗るよ

うになった。

ところで一九三三（昭和八）年、高野山で出家を果たしたひとりの女性がいた。名前をあらため、大石順教といった。その女性には両腕がなかった。口で器用に筆をとり、歌を詠む。写経もする。着物の帯地の更紗絵《さらさえ》も、仏画も描いた。

かつて踊りの名手として知られた妻吉の、四十五歳の尼姿であった。

腕を失くす事件

一九〇五（明治三十八）年、ある夜半の出来事だった。眠っていた妻吉の枕を蹴り落とす者がある。寝ぼけ眼《まなこ》で暗闇に眼を凝らす。養父が立っていた。その手には一尺足らずの刀が握られている。その刀は日頃、養父が気持ちを鎮めたい時に眺めていたものだった。即座に妻吉は、養父が内縁の妻と何か揉めたに違いないと思った。

その頃、養父には思い詰めるような日々が続いていた。二十歳近く歳の離れた妻が、とつじょ養父の甥と出奔してしまったのだった。養父には前妻がいたが、それを追い出すようにして、その女とその家族を迎えた。そうした手前もあり、未練もあって、養父は女の仕打ちに腹を据えかねていた。その夜、酒を飲んで刀を眺めていた養父に、逃げた女の母親が

大石順教
『大法輪』（一九六二年十二月号）より

何か言ったようだった。養父は眼前の義母を斬ると、次々に家内の者、五名を斬っていった。眼が覚めた妻吉は、次の瞬間、自分の腕が天井近くまで飛ぶのが見えた。さらにその刀は彼女の息の音を絶つため、口中を突いた。ことを終えた養父は気が済んだのかそのまま自首し、妻吉は駆けつけた人々によって助けられた。当時「堀江の六人斬り」と呼ばれ、世間をにぎわせる大事件となった。

命が繋がれてみると、妻吉には十七歳の少女としての人生が横たわっていた。

転んだら起きればいいでしょう

実家

こおろぎの鳴く夜なりけり父母《ふぼ》とわれひざをまじえて行く末語る

後年、順教尼が当時を述懐して詠んだ歌である。腕を失くしてから、妻吉はどこへ行っても好奇の眼を向けられた。

しかし、かといって隠れてばかり生きられない。妻吉は両親に付き添われて三遊亭金馬の一座に加わり、高座で歌い慣れない長唄も歌った。

けれど、それはにわかづくりの芸である。妻吉は自信のあった舞で高座に立とうと思うようになった。あるとき人形町（東京）の末広の舞台で舞っていると、客から声がかかった。

「手がないのに身振りをやって転ぶなよ」

とっさに妻吉は答えた。

「転んだら起きますよ。起きたらいいでしょう」

客たちはこのかけあいに、いたく感動した。戸内に隠れ、不遇の身として生きることを選ばなかった少女の言が、会場を沸かせたのは想像に難くない。声をかけた客は次の晩もきて、楽屋の妻吉に、舞台でまた声をかけるから、おなじ返答を聞かせてくれ、と言い、末広の舞台では楽日《らくび》までこのかけあいが演じられたという（大石順教「両腕を切られて七十年」［続］『大法輪』一九六二年十二月号）。

高座にあがり、各地を転々とする旅のさなか、妻吉は一通の悲痛な手紙を受け取った。養父からであった。養父は死刑になるまえに、どうしても妻吉に一目会って詫びたいと懇願していた。妻吉も、会ってあの事件のことを問いたい気持ちがつよくあった。

面会に行くと、養父は妻吉に深く詫びた。そして、せつに訴えた。おまえさんの踊りはすばらしかった。どうか、日本一の踊りの師匠になってくれ……。

もちろん妻吉の眼前にいるその人は、誰の何を斬ってしまったか、よく知っているはずだった。それでも本気でそう言っているのだった。妻吉がなんの屈託もなく日本一の踊りの師匠をめざしていた頃、舞台に出る直前、揚げ幕の内側で養父から、

「養父《とう》さんはお前の舞いが命だ。お前だってそうだろう」

とひそかに勇気づけられたおりの、たしかな信頼感は忘れられなかった。否、忘れる必要もなかった。「踊りのまえに腹ごしらえをしておこう。何にする、うなぎか？」、「徳と不徳というの

は、人を喜ばせるのか、迷惑をかけるかということだ」……風流に達し、つねにこころ遣いの濃《こま》やかな養父であった。貞節のあり方から無駄を省く術まで、ことあるごとに言って聞かせていた。堀江の家では、すすんで妻吉が養父の肩を揉み、養父は芸妓らとともに芝居の話など談笑して、七歳になる養父の実の子どもは妻吉の踊りを真似ていた。みなが血縁で結ばれていたわけではないが、そこにはまぎれもない〝家族〟の風景があった。周りがどう言おうと自分だけはあの家のことを伝えておきたい。病院に担がれて数時間後には取り調べに来た役人に、

「お養父さんは悪くない、刑を軽くするために私ができることなら何でもします」

と斬られた口で叫んだ妻吉であった。この発言は新聞紙上を賑わし、全国から多くの見舞いの品が寄せられた。養父を訴えれば金がとれる、そう囁いてくる者もあったが、そのたびに血の足りない青ざめた顔できっぱりと断った妻吉だった。

妻吉は驚きと悲しみの中にも、純粋に踊りの師匠だった頃に戻ったその人の顔を、静かに見守って次のように答えた。安心してください、お義父さんの骨を拾って、仲間の供養も勧めます。私は有名な踊りの師匠になれずとも、気の毒な人さまのためになることをしようと思っています――。

面会から七十年の歳月を経たあとも、妻吉は養父を「堀江の父」と呼び、また「お父さんは芸事にかけては、むつかしく、きびしい師匠であり、また、親としては私の慈愛の父であったのでした」（大石順教『無手の法悦』大蔵出版、一九四九）、と語る。

ほどなくして養父の刑は執行され、妻吉は法要を執り行なった。その後も事件で亡くなった

人々と養父の法要を生涯を通じてたびたび営んだ。

口に筆をとるカナリア

松川家妻吉と名乗り、寄席に出る日々を送っていた妻吉は、しだいに先のみえない暮らしに疲れを覚えるようになった。物質よりも他に求めている物があるような気がしていたという。

そんななか、妻吉は巡業先の宿でみた、籠のなかのカナリアの親が子を口ひとつではぐくむ姿にこころを打たれる。鳥には羽があっても手はない。それでも口ひとつで我が子に餌を運び、育てている。

自分にも口がある。口で筆をとれば、言葉が書けるではないか。

> その日から私は筆を口にくわえて、幾度も幾度も落ちそうになるのをいろいろと工夫をして書いて見ました。涎《よだれ》が軸を伝わって紙をぬらしますが、それも日ならずして止まるまでに成功しました。
>
> （『無手の法悦』）

けれども文字を知らなかった。文字が書けない。筆をくわえた妻吉の眼から涙があふれた。

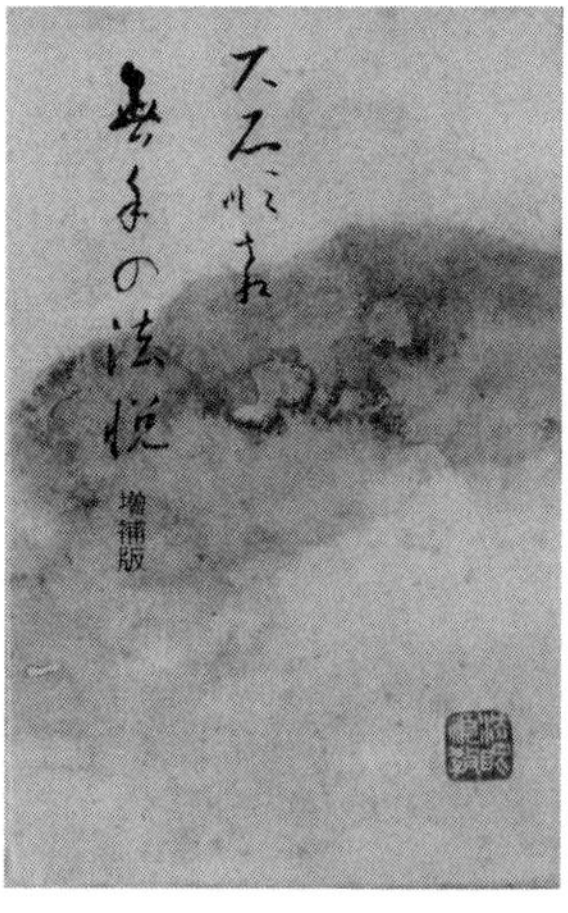

大石順教『無手の法悦』
（春秋社、一九七一年増補版）

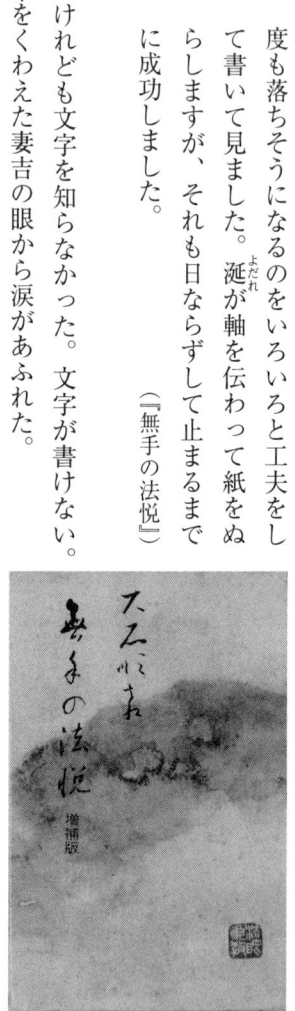

学校へは行っておらなかったのです。今日から見れば、そんなばかばかしい話があるものですか。しかし六十年前には、さしてやかましくもいわなかったのです。甚だしいことには、女の子に学問させると、生意気になるなどともいい、親の頭をおさえて理窟《ママ》屋になるともいったものです。

私はその例に洩れず、ために文字を知らなかったのです。その意味で空白の過去が今、一度に眼の前にさらされて流れた、悲しみの涙でありました。（前掲書）

文字が書けるようになりたい。妻吉は、その思いでフラフラと外へ出た。学校らしき建物をみると吸い込まれるように入ってゆき、そこの校長に入学できないか直談判をした。もちろんはじめは承諾を得られなかった。

「身体が不自由であるからといって、こころまで不自由になりたくない。そのために学びたいのです」

そう語る妻吉の言葉に、校長は静かに聞き入っていた。やがて校長は自分のなみだを拭うと、興行中のあいだ小学校の先生をつけてくれ、妻吉は文字を学ぶことができた。

カナリヤを見て
くちに筆とりて書けよと教えたる鳥こそわれの師にてありけれ

妻吉、十九歳の頃のことだった。

尼になるより母となれ

「文字を知り画《え》を知ってから、何《ど》うにも私の心は寄席の高座に安んじなくなった」（大石順教『妻吉自叙伝 堀江物語』駸々堂、一九三〇）、そう感じた妻吉は、二十歳の頃、寄席から身を引くことを決意した。ちょうど実の父親の不調や家業の不順にあい、身の処し方を思いあぐねていたこともあった。

妻吉は、あらためて考えた。何をするにも人の手を借りねば生きられない。死んだ仲間の冥福も祈りたい。同じように不自由な身を持つ人々のために働きたい。もともと仏門に入りたいと思っていたが、いまがその時かもしれない。

そこで和歌の教えをあおいでいた真言宗の僧侶、藤村叡運（一八四八〜一九一七）に胸の内を打ち明けた。

すると叡運は意外なことを言った。生きるのに行き詰まって尼になるのでは、花嫁姿を妬む尼になる。尼になるならいつでもなれる。子どもを育てる母としての経験を持たないものが、どうして不自由な人たちの母となることができるだろうか、真の愛情を捧げる対象を持て――。

俗世にうしろめたい思いを持ったまま世を捨てても、おのれの弱さをかばうことにならない。

叡運は、そう語る。ならば出家とは何なのか。

鎌倉後期に編まれた『一言芳談《いちごんほうだん》』という書物にはさまざまな出家者の言葉が収録されているが、

そこに次のような一節がある。

遁世《とんせい》と言ふは、深く人を厭《いと》ふべからず。但し、ゆゑなく人を恐るる、又、僻因《ひがいん》なり。いま、厭ふゆゑは、深く名利を厭ふゆゑなり。（簗瀬一雄訳注『一言芳談』角川書店、一九七〇）

出家をして世間を遁《のが》れるというのは、深く人を嫌ってのことであってはならない。理由なく人を恐れるのは間違いである。今、遁世《とんせい》するということは、深く名誉や利益を厭うからである……中世期、この言葉を指針としておおくの出家遁世者が出た。叡運が妻吉にかけた言葉にも通じる部分があるように思われる。

叡運は、さらに両親なきあとの妻吉の身の上も心配し、尼僧になることを思い留まらせた。我が身のふりを心配していた彼女を、おりよく妻にしたいと見定めていた人物があった。日本画家の山口草平（一八八二〜一九六二）である。彼は、今、自分が抱えている小さな男の子の母となってくれる女性というだけでなく、ほかに、三つの条件のもとに結婚相手となる人を探していた。画家として一人前になるまで貧乏暮らしに耐えられる人、自分の絵を理解して、いい絵を描くために助けてくれる人、美人画のモデルとなる女性とのつきあいをとがめない人……。

二十四歳で結婚し、よねは芸妓としての名である「妻吉」を捨てた。やがて二児を産んだ。並大抵の暮らしではなかった。草平が文展で入賞するまでの貧苦もあり、また芸道熱心な絵師のつねとして、女性の交友関係も激しかった。

後年、こうした結婚生活について、つぎのように述懐している。

私は、私をたしなめて暮らせばいいと観念していました。私は、本当に従順な、忍苦な、惨めな、旧《ふる》い旧い女だったのです。

（『妻吉自叙伝　堀江物語』）

夫婦となって十数年経ったある時、よねは、夫が病になっても、自分は何一つ看病してやれないことを痛感した。ちょうどその時、よねの義理ある人の紹介により、一家のもとへ若い娘が奉公にやってきた。夫の身の回りのことは、その娘がやれることだった。

また、よねはこの頃、口で帯地に更紗絵を書くようになっていた。それが買い取られることになり、こころの中では、自分の芸術活動に専心したいという思いがつのっていた時でもあった。夫と離別する決心を固め、子どもと東京で暮らすことにした。三十三歳の頃のことだった。

それからのよねは、口ひとつで更紗絵を描いて家族を養った——籠の中のカナリアは、羽をたたんで、口ひとつで子どもを育てる。カナリアは、少しも不自由を嘆いていない。楽しそうに、命ある日々を喜んでいるじゃないか……よねは、まさに、いぜん見たカナリアの姿をそのまま我が身に引き受けたのだった。

関東大震災を経て出家まで

大阪の住まいをあとにしたよねと子どもは、叔父をたよりに東京へ出た。とはいえ、よねの商売は、はじめから軌道に乗ったわけではなかった。

新しき道を求めて行商を

叱りながらわれも思わずなみだしぬ父をはなれし子ゆえ母ゆえ

そこに一九二三（大正十二）年九月一日の関東大震災がおそいかかる。手のない腕に子どもたちのほうからすがりつき、外に出て難を逃れた。しかし更紗絵の帯地は震災で焼けてしまった。よねの周囲の者は、大阪へ帰ったらどうかとすすめたが、いちど決めたことはけっしてこころを曲げない気質のよねだった。

すると仕事の目処が立たないよねを気遣い、呉服を売ることで、あらたな顧客を増やしてはどうかと提案してくれる人物がいた。よねは、その話に乗った。

よねは呉服の売り込みをして歩きまわった。ところが、だれかの紹介があればともかく、すでに懇意の商人がいるからと、一つの品さえ買ってはもらえないことがしばしばだった。思案したけっか、よねは短冊に、自作の和歌を書いてその屋敷の奥さん方の眼を引くことにした。この予想は当たり、そこから夫人令嬢たちとの交流がはじまって、独自の人脈を得られたのであった。

ようやく仕事が落ち着いた頃、こんどは思いも寄らなかったことが起きた。筆を持つよねの口元が痙攣を起こして、肝心の筆が持てない。母子三人の命が筆ひとつにかかっているというのに……医者に診てもらうと、それは職業病であるという。よねは、自分の非力さを思い知らされた気がした。

過去

血の海と涙の川におぼれつつ今日ここまではたどりきつれど

よねは、すがるように観音菩薩の名を念じた。すると観音経を誦《よ》んでいるあいだは、痙攣が気にならないのだった。日々、写経や読経をおこない、ますます信心を深めていった。

よねが、かつての念願どおりに出家を果たしたのは、出家をこころざしてから二十年近く経ったのちのこと。

高野山にのぼりて

たなごころあわせむすべもなき身にはただ南無仏ととなえのみこそ

真言宗の僧侶で仏教学者でもあった高野山天徳院の金山穆韶《かなやまぼくしょう》（一八七六〜一九五八）のもとで得度し、法名を順教とあらためた。大阪、京都に庵を結び、八十歳の生涯を終えるまで、さまざまな人々の悩みを聞き、また彼らの身を立てるための労を惜しまなかった。ときには身寄りのない子どもを引き取り、育てもした。

一九三六（昭和十一）年には京都山科区にある勧修寺《かじゅうじ》の境内に身体障害者のための相談所「自

在会」を設置し、障害をもつ婦女子のための福祉活動に取り組んだ。一九四七年には宗教法人として仏光院を設立し、同院ではいまも順教尼の足跡を伝えている。

大石順教 『大法輪』（一九六二年十一月号）より

「らしく」なりたくない

順教尼には、長いあいだ逃れたいと思うことがあった。

> らしくとは、女は女らしく、男は男らしく、子どもは子どもらしく、（略）すべて「らしく」ありたいと思います。しかし私だけは、片輪《かたわ》らしくなりたくなかったのです。自分が片輪であったことから、つとめて放たれたかったのです。
> （『無手の法悦』）

人から言われて嫌な言葉がかつて順教尼にはあった。ひとつはとくに身内から身の不自由を露骨にいわれること、もうひとつは〝妻吉〟と呼ばれることであった。

順教尼が大阪に庵を立てた頃、臨済宗の僧侶である間宮英宗《まみやえいじゅう》（一八七一～一九四五）がやってきた際に、庵号について順教尼が相談したところ、英宗は、妻吉庵にしてはどうかと提案した。「妻吉」庵——順教尼はろくに返事もできないほど悲しい思いにとらわれた。

それから何年か経ち、順教尼の生涯が大阪の歌舞伎座で芝居になったおり、当時の松竹の社長から「今は大石順教さんだけれども、妻吉という名をいつまでも、大切にしてくださいよ」（『無手の法悦』）と言われ、はじめて英宗の意図するところが思い合わされたのだった。順教尼は、すぐさま仏前に向かった。そのとき英宗はこの世になかった。

〝妻吉〟は順教尼にとっては、踊りの師匠を夢見ていた頃の名であり、どうじに手を失ったすがたで高座にあがっていた頃の名でもある。世間では堀江六人斬りの生き残りの妻吉と言ってその名をもてはやしていた。踊りたくても踊れない想いを抱えていた娘時代の代名詞のようなものだった。「片輪らしくなりたくなかった」、その一念で努力してきた順教尼であったが、妻吉時代のじぶんと、げんざいのじぶんとをひとつづきのものとして受け止められるようになったのだろう。

順教尼の庵室は、身に不自由を抱える人たちのためにひらかれた庵でもあった。庵室にやってくる人の天分に応じて書や絵画、竹細工、漆器などの技術が学べるようとり計らい、自活の道が立つよう導いた。

生前の順教尼と親交があった石川洋によれば、順教尼は自分のもとにいる娘たちを諭しながら、人から手や足や眼を借りることはできても、借りることのできないたったひとつのものについて語っていたという。

それは〝心〟です。〝心〟だけは、誰れからも借りることは出来ないのだよ。体は不自由であっても〝心〟はみんな同じです。その心の生き方を見出すことが、一番大切なことだよ。

（『無手の法悦』増補版所収「大石順教尼を偲びて」）

順教尼は、さらに〝心の障害〟についても語る。

たとえ、何にも出来ずにベッドにふせっていても、微笑ひとつでも、やさしい言葉ひとつでも、周囲の人々に捧げることが出来たら、その人は社会の一隅を明るくすることができるのだよ。（中略）私はね、少しいい過ぎになるかもしれないが、障害というのは身体の自由、不自由とは別ではないかと思うことさえあるのだよ。たとえ健全な肢体に恵まれていても、それを人のために生かす心を持たずに、五慾のほしいままに、お互いが傷つけあうことしかしらないとしたら、大変な〝心の障害〟ではないかと思うのだよ。

（前掲書）

『華厳経』には、こころのはたらきについて述べた部分がある。

心如工画師　画種種五陰　一切世界中　無法而不造
如心仏亦爾　如仏衆生然　心仏及衆生　是三無差別
諸仏悉了知　一切従心転　若能如是解　彼人見真仏

（心は工なる画師の種々の五陰を画くが如く、一切の世界の中に、法として造らざる無し。心の如く仏も亦《ま》た爾《しか》り。仏の如く衆生も然り。心と仏と及び衆生と、是の三に差別無し。諸仏は悉《ことごと》く、一切は心より転ずと了知したもう。若《も》し能《よ》く是の如く解せば、彼の人は真仏を見ん。）

（『華厳経』夜摩天宮菩薩説偈品《やまてんぐうぼさつせつげぼん》）

腕のある絵師が何でも見事に描くように、こころとは何でも描いてしまう。仏もまたそうであり、衆生もそうなのだ。この三者にちがいはない。仏はあらゆるものがこころから生じるものであることを良くご存知だ。このことが分かっているひとは真なる仏に出遇えるだろう。

もちろんこころというものは、取り扱いがむずかしい。その日の気分によって違いはあるだろうし、自分の思い込みのために、現実をうまく受け止められないこともある。だからこころはあらゆる葛藤を引き起こすもとともいわれる。

では順教尼の語る理想的なこころのすがたとは、どういうものなのか。どんな境遇にある者でも自分の道は自分で切り開かなければならないものとして、順教尼はつぎのような信念を語る。

人を呪《のろ》はず、憎まず、人を愛し己れを愛し、総てを感謝して行けば、必ず仏様の力によつて精神的に救はれるのでして、かくて心が安らかになれば、物質は必ずそれに伴うて来るものです。ところが大抵の人は、何か仕事をせねば、何か物質を得ねばと考へて齷齪《あくせく》としてゐるから、溺《おぼ》れて了《しま》ふのです。故《ゆゑ》に心持《こころもち》を先にこしらへ、徳を以て、よい種子《たね》を蒔《ま》き、自分が感謝の日を送れば、物質、仕事は自然に集まって来るのです。
（「血涙の遍路を語る 大石順教尼」『大法輪』一九三六年九月号）

妻吉と呼ばれて高座にあがり、身をさらすことに疲れていた頃、することがなく「不具の身の悲しさよりも、知識のない淋しさに、長い一日をもだえて」（『無手の法悦』）いた。そのことを忘れず、おなじ境遇にある人の苦しみを助けるために尽力し続けた順教尼だった。

なければないように

順教尼は人に書を請われると、「忍」の文字を書いた。『新平家物語』などを書いた作家の吉川英治（一八九二〜一九六二）がこれを見て、「〝忍〟という字を使うことの許されるのは、貴女だけだ」（『無手の法悦』）と賛辞を贈った。

順教尼の〝忍〟。これは、誰かに向けられた言葉ではない。

それは忍の道を人に教えるというようなことではなく、何にもまして、この「忍」という言葉の奥にひそむ内容がなつかしく、ひとしお身近く私をみちびいてくれるから

常岡一郎・大石順教『無手の倖』（中心社、一九五八）

なのであります。

（『無手の法悦』）

順教尼は晩年、風呂に入るおり、涙を流すことがあったという。京都の勧修寺内にある仏光院は順教尼の自坊であるが、順教尼は、そこでゆったり風呂に入れるようになった。風呂場の窓からは夕顔が見える。庭の手入れが好きな順教尼は、夕顔を毎年植えていた。

ああ、いいな。自分の家のお風呂に入っている。自分の便利なように、手がなければないように、足の不自由な子、手の不自由な子らと一緒に暮らして、そうしてこの自分のお風呂に入っている。これは私が建ててもらったお風呂ではない。何というすばらしい、何というれしいことだろう。

（「両腕を切られて七十年」［続］、『大法輪』一九六二年十二月号）

するとむかし銭湯で好奇の眼を避けるように、自宅でたらい湯に浸かったことが思い出されて、はらはらと涙が流れた。かつて銭湯に行けなかったこと、今、風呂に入れることに涙するのではない。往日、たらい湯に入れてくれた自分の母親が、娘の将来を憂《うれ》えたままに亡くなったこと、その愛情のありがたさを、かえって思い出すのであった。その心情を、こう語っている。

長い間泣きたかったのをがまんしたな。しんぼうも通りこして、何だか忍従になって、忍従がもう忍辱《にんにく》になって、いまはもう何もない。喜びの涙は尊いな。

（前掲書）

忍従とはひたすら耐え忍ぶさま、それが苦悩や侮辱にも動じない忍辱《にんにく》の境地にいつしか至った。「なければないように」。日本一の踊りの師匠となるこころざしを持った少女は、のちに身体障害者の更生施設を建てる決心をまっとうし、人を救いながら、みずからも救われる人生のあり方を世に示したのだった。

一九六八（昭和四十三）年、順教尼は自坊にて入寂した。八十歳だった。石川洋（前掲「大石順教尼を偲びて」）に拠れば、その日の夕刻まで、ふだんどおりに教えを乞う人々に応じていた順教尼は、やがて珍しく疲労を訴え、横になったまま遷化《せんげ》したという。

※文中の和歌の引用は『無手の法悦』（春秋社、一九七一年増補版）、『妻吉自叙伝 堀江物語』（前掲）に拠った。

コラム

出家する？　しない？

出家――それは並大抵の意志でかなえられることではありません。そもそも出家をするということは、どういうことでしょうか。まずは近年まで存命であった尼僧の高岡智照尼（一八九六〜一九九四）や大石順教尼（一八八八〜一九六八）が、出家についてどうとらえているのか、少し耳を傾けることからはじめたいと思います。

お止《や》めになったほうが……

高岡智照尼は、祇王寺に出家したいと言ってやってきた女性たちに対し、次のように語っています。

尼僧生活を志す人は、十人が十人、誰も彼も頭さえ丸めればそれで自分の悩みはきれいに解消し、そして仏様が養ってでも下さるかのように、至極あっさりと楽な生活ができるように考えている。み仏に生涯を捧げて身も心も清浄に一生を送りたいと、必ずそういう口吻を漏らすのがきまり文句である。年頃の娘が映画スターに憧れるのとちっとも変りはない。

智照尼は相手を突き放すように続けます。

この日も私は、「尼さんになることはお止めになった方がよろしいです。どんな姿であろうとどんな境遇にあろうと、何時、何処ででも自由に信仰は持てるのですから、わざわざ姿を変えて尼になる必要はありません」と、強く言い切った。そして結論として、尼と言えども今日の社会制度からは除外されていず、働かざる者は食うべからずの圏内にあることを、つけくわえて忠告しておいた。

（高岡智照『祇王寺日記』講談社、一九七三）

いうまでもなく出家生活というのは、みずからを戒律で縛った生活をすることです。出家以前であれば、日常の癒しや救いとして仏を祈ることも自分の思い通りにすることができます。こうした信仰のありかたを出家との対比で在家《ざいけ》といいます。しかし、仏門に入るということはおのれの人生を投じて戒律を守った生活を送り、またそれだけでなく出家後の生活の経済的な面についても自分の努力で解決しなくてはならないということになります。智照尼はそれをつよく指摘しています。

禍《か》も福も、ほんとうは一つ

あるとき順教尼のもとに出家を願うひとりの女性がやってきて、得度を請いました。すると順教尼はつぎのように応えたそうです。

「それでは、貴女の両手をうしろ手にして、柱に縛りつけてもらいなさい。そして三日間でよいから、食べることも、飲むことも、下《しも》のことさえも、自分の力ではどうすることもできない、そのままの状態で暮してみるのです。そこまで身をおとして、何の力によって私達が生かされているのか、突きとめてみるのです」

「先生！　私には……できません」

「今、死んだつもりでやりますと言われたのは、どなたですか！　そんな料簡だからゆきづまるのです。聴けば貴女には、主人も子供もあるというではありませんか。なんという罰あたりなことを言われるのですか」

順教尼の厳しい言葉が続きます。

「さあ、私の両腕のつけねをしっかりと握るのです。貴女には、この冷えきった腕のつけねのつめたさがわかりますか。私のようなものでも、この無手の中から、二児を育てることができたのですよ」

「先生、私はとんでもないこころえ違いをしていました」

「目を覚ますのです。禍も福も、ほんとうは一つなのです。貴女の心ひとつで、この世の尊さがわかるのですよ」

（『無手の法悦』増補版所収、石川洋「あとがき」春秋社、一九七一）

智照尼同様、順教尼も人生の行き詰まりから出家を考える人には、その見通しの甘さを鋭く突いたようです。

順教尼は「何の力によって私達が生かされているのか」と問います。たしかに手も使えず、食べることすらいっさいが不自由な身となったとして、それでもただ仏のことだけを思えるかと問われたら誰しも難しいかもしれません。じぶんが直面している苦しみが、たんにいっときのものに過ぎない、それこそ「心ひとつ」で解決できてしまう程度のものであったとしたら、本当なら出家する必要などはないのかも知れない、そういう自問自答を経て、それでもどうしても、という思いに至れるかどうか。

出家とは仏へ祈りをささげる人生を選ぶことです。じぶんの些細な悩みから逃れるために出家するというのでは、結局自分のために仏を利用しているに過ぎません。仏門に入るということは、利他の世界に生きてゆくことでもあります。利他とは他のひとびとを助け、救うことです。

順教尼は「禍も福も、ほんとうは一つ」とも語っています。禍福は糾《あざな》える縄の如し、という言葉もありますが、人生の禍福、つまりわざわいと幸福について鎌倉時代の僧、無住は『沙石集《しゃせきしゅう》』に以下のようなたとえ話を紹介しています。

ある家に、ふたりの女が訪れました。先にやってきた女は容姿端麗で、名を功徳天《くどくてん》といい、自分が行く先々ではおめでたいことが起きるのだ、と語りました。家主は機嫌よく女を屋敷の中へ通します。すると別の女がやってきました。身なりは汚く、黒闇天《こくあんてん》と名乗りました。そして自分が行くところでは不幸や禍《わざわい》ばかりが起きるのだと語ります。家主は、すぐにその女を追い払おうとしました。すると黒闇天は言いました、先ほどの女は私の姉なのです、と。私達は「時の間《ま》も離れず」、すなわち一瞬たりとも離れないのだ、と。そして二人ともその家をあとにしました。

これは経典『涅槃経《ねはんぎょう》』にある比喩のひとつなのですが、無住はこれに続けて次のように述べています。

生《しやう》と会《ゑ》は姉のごとし。死と離は妹《いもと》に似たり。生死《しやうじ》の理《ことわり》、会離《ゑり》の習《なら》ひ、必ず倶《とも》なり、生ずる者は必ず死し、会ふ者は必ず離《はな》る。しかれば菩薩は生の因を断ち、死の苦をも放し、会ふ悦びを愛せず、離るる歎きなし、凡夫《ぼんぷ》は生を愛して、死を憎み、会ふを悦びて、離るるを憂《うれ》ふ。

（『沙石集《しやせきしゆう》』）

子が生まれることや人との出会いは功徳天のようなもの、死や別れは黒闇天のようなもの。人は生まれればいつかは死に、出会いには別れがつきもので、かならずこれらは対《つい》であらわれます。菩薩はそうしたものに左右されることはありません。けれども普通の人はただただ一方を愛し、一方を憎むだけだ、と。

無住は、仏門に入るというのは凡夫であることをやめ、菩薩の境地に至ることだと説きます。世俗のあらゆるものごとへの愛情を捨てる、怨む心をも捨てる、何にもとらわれず、執着を離れて悟りの境地に至るための修行にいそしむことを説きます。

禍がかさなり、人生が嫌になった、いっそ仏門にでも入ろうか、というのはごくふつうの人の反応にすぎないのでしょう。しかし、それだけでは仏門に入るには不十分なのだ、ということは古くから繰り返し出家者たちが語っていたことでした。

とある広告

それではじっさいに寺院では、どのようなことを出家希望者に求めているのでしょうか。たとえばかつての仏教雑誌には次のような記事が載っていました。

出家希望の入道場者
右希望者は略歴記載の上、六〇円切手同封のうえ左記へ問い合わされたし。
（但し、道念特に堅く、意志強固、且つ有能の人材にして、三十五歳までの男子独身者で、できうれば短大卒以上の求道者）
（『大法輪』一九八三年一月号）

このあと埼玉県のとある寺院の住所が続いていて、出家者募集の広告であるとわかります。出家を希望する場合、まずは師との出会いが大切です。師から認めて貰わないことには出家はかないませんから、それだけ強い意志が求められますし、また智照尼も言うように出家者であっても生きている間は社会の一員ですから、一定の常識や知識なども必要だということが、この広告からわかるかと思います。

同じ雑誌の同じ号には、「僧侶不足には定年後の人材を」という見出しの記事があります。「今また仏教書ブームと言われ、全集ものが相次いで出版され、書店にも『般若心経』のコーナーが設けられたり、カルチャーセンターの仏教の講座にも中高年層の姿が目立つという」と当時の仏教ブームについて触れたうえで、以下のように記しています。

人生経験豊かな定年退職者を対象に、僧侶を求める求人票を東京と千葉の職業安定所に出した。「商売が破産」「女房が死に、その供養に」という約五〇人が募集に応じ、難しいお経の節を習ったり、勉強を続けているが、授業料は寺の負担。しかし、人口増加にくらべて同宗派の少ない首都圏とその周辺の教化に意欲的な同寺としては、四・五人の僧侶が育てば安いものと、定年後の人材に期待をかけている。（前掲書）

これは千葉県のとある寺院が一九八三年当時に行なった僧侶募集の事例です。授業料は寺院側の負担でもさいごには「四・五人の僧侶が育てば」と捉えているようですから、やはりよほど意志が固くなければ務まらないのでしょう。厳しい修行のありさまがうかがわれます。

本当に心から出家を考えているのであれば、受け入れてくれそうな各宗派のお寺にまずは相談してみてはどうでしょうか。多少興味があるというほどでしたら、多くの寺院が開催している座禅会やセミナー、宿坊に泊まって朝の勤行をともに行なうなど、さまざまな形で在家のまま仏教を学び体験するための方法があります。そうしたことを通じて、じぶんの心も見つめ直しながら、最終的にどうするべきかの考えを深めてゆかれたらよいかと思います。

終章

本書でとりあげたのは、激しい生き方をした稀有《けう》なひとびとでした。仏の教えに傾倒し、深く学んでゆこうとしたひと、異性から逃れるように仏道にいたったひとなど、さまざまですが、その根底には、「自分はほかの人とおなじようにはふるまえない」という、生きることへの違和感があったように思います。

おなじ屋根の下に暮らし、おなじ時を生きていても、おなじ考えのもとに生きているわけではない、と、つくづく思うことがあります。筆者のように凡庸《ぼんよう》に生きていてさえ、そのように感じるのですから、個性豊かな本書の登場人物たちは、なおさらそうした思いが強かったのだろうと想像します。

高岡智照尼は、ピストルを持って追いかけてきた男から逃れ、老夫婦の家の二階で観音経を唱えるようになってから出家したいと思うようになりました。

物語上の人物ではありますが『源氏物語』の浮舟は、出家することにより異性から離れようと、もがいていました。

祇王は、親子ほど歳の離れた平清盛に好意があったものの、清盛は仏御前に心変わりして祇王を追い出します。人のこころの無常さを説くエピソードとして知られています。

女性特有の苦悩と仏教とのかかわりについては、長い歴史があります。たとえば尼寺の存在がそれにあたるでしょう。尼寺は尼僧が仏道に専心する場所であるとともに、女性が夫から逃れる避難場所として機能していたこともありました。

かつての日本では、悪辣な夫から逃れたいと願う女性は鎌倉にある東慶寺などの尼寺に逃げ込み、多少の修行を積むことで縁を切ることができました。こうした女性救済のための尼寺を縁切寺と呼んでいました。

高岡智照尼の日記には、寺の存続のために檀家の男性と関係を持たざるを得なかった尼僧が、妊娠して祇王寺に逃げ込んできたという逸話が記されています（『祇王寺日記』）。女性の避難場所である尼寺すら、女性にとって安全な場所ではないということもあったようです。

過去の人物について、その言動の善悪や理非を問うような評伝のスタイルがあります。本書はそうではなく、それぞれのひとが人生のおりおりに、どのように仏と向き合ったのかをめぐって、彼女たちの目線に寄り添い、その言葉に耳を傾けながら、ともに歩むような気持ちで記してきました。

一心《いっしん》をつくしきつてのあとをみよ　衆生《しゅじょう》と仏わからざりけり

江戸時代の木喰五行明満《もくじきごぎょうみょうまん》の和歌です。一心に何かに打ち込んで生きた人の足跡は、仏か人か、わからないほど尊い、との意です。

本書は、著名な信仰者を取り上げていますけれどそうしたひとだけを重んじているわけではありません。ほんらいなら信心に有名も無名もありません。

信仰者の多くは無名で、著作を公にしたひとは信仰者のうちごくわずかにすぎません。智照尼や順教尼のように、もとは文字を知らなかったという女性もかつては多かったでしょう。

「摂取不捨《せっしゅふしゃ》」という言葉があります。『観無量寿経』にある言葉で、阿弥陀仏が救済を願ってじぶんの名を唱える者を「摂《おさ》め取って捨てず」と語ったことに拠ります。仏の名を呼ぶ者は、かならず抱き込み、見捨てることはない。そこに優劣はありません。

ですから、本書でとりあげたようなひとびとだけが女を脱げるわけではないのです。誰であっても、どういった立場であってもそれはできることかと思います。そう考えたとき「摂取不捨」という言葉は、少なくとも私のこころにはとても頼もしく響きます。ただ、これは女を脱ぐために出家して仏門に入りなさい、といった単純な話ではありません。女の脱ぎ方にはさまざまあるでしょう。すべて脱ぎ去るという形もあれば、上着だけ脱ぐ、少し肩を出してみる、そういったあり方だってあるでしょう。ひとそれぞれ、じしんの抱える困難や生きづらさのあり方に応じて考えればよいことかと思います。本書で取り上げたような過去のひとびとの事例や古典・仏典の言葉たちが、そうした脱ぎ方の参考になるのではないか、という思いでここまで書き継いできました。本書がそのようなことを考えるきっかけとなるよう、祈念して筆を擱《お》くことにします。

※文中の明満の和歌の引用は『柳宗悦全集著作篇』第七巻（筑摩書房、一九八一）に拠ります。

あとがき

人とのおしゃべりはけっして嫌いではないのですが、話題によっては、ひとけのない田舎道で、鳥のさえずりでも聴いていたい、と思うことがあります。ロードサイドの古びたドライブインで、壊れた自販機を眺めながらぼんやりするのもいい。本音をいうと、けっこうな頻度でそう思っています。

とはいえ、ひとけのない田舎道も、壊れた自販機も手軽に持ち歩くことはできませんから、昔のひとびとの言葉がしるされた書物を手にして気を紛らわせています。わたしにとって、そこには静謐な景色が広がっているように思えるのです。

そんなわたしに、女性と仏教にかんする本を書いてみないか、と古くからの知人が声をかけてくれました。これまでわたしは仏教をモチーフにした小説や評論を、いくつかの雑誌に書いてきましたが、それらにもとづきながら、かなりの改稿をくわえ、また複数の書きおろしの原稿を足して、本書は成りました。

末筆になりますが本書の刊行にあたり、言視舎の杉山尚次さまには多大なご協力とご示唆を賜りました。記して深謝いたします。

また、かねてより原稿の執筆にあたって励ましのお言葉をいただいている黒神直也さまに感謝申し上げます。

二〇二四年七月

三野　恵

三野恵（さんの・めぐみ）
一九七九年、群馬県生まれ。作家・日本文学研究者。二松学舎大学大学院博士課程単位取得満期退学。著者に『苅萱道心と石童丸のゆくえ』（新典社）、『完訳 源平盛衰記 三』（勉誠出版）。大法輪閣刊『大法輪』に小説「ほとけの佐吉」、「異本　蜘蛛の糸」等を発表。研究・評論に「高野山麓の苅萱伝承群」（『近世略縁起論考』所収、和泉書院）、「愚直なひとびと――愚人往生伝」（『わが心の妙好人』所収、勉誠出版）、「みすゞが与えたわが子への「こころの糧」（『金子みすゞ母の心　子の心』所収、勉誠出版）等がある。

装丁……佐々木正見
編集協力……田中はるか
DTP 制作……REN

女を脱ぐ　人生に効く仏教と物語

発行日❖2024 年 9 月 30 日　初版第 1 刷

著者
三野恵

発行者
杉山尚次

発行所
株式会社言視舎
東京都千代田区富士見 2-2-2 〒 102-0071
電話 03-3234-5997　FAX 03-3234-5957
https://www.s-pn.jp/

印刷・製本
中央精版印刷㈱

ISBN 978-4-86565-167-6　C0095